枠を超えよ

自己肯定感なくして
主体性は生まれない

辻本昭彦

東洋館出版社

第4章

好きなことをやれ 面白いことをやれ
―都内最大最強の科学部と大学の自主ゼミ―

第5章

だまされたと思ってやってみたOPPA
―評価は「いいところ探し」―

第6章 そんなこと本当にできるの？
—シティズンシップの醸成—

第9章　デジタルネイティブの次の世代に向けて

プロローグ

あまり変わらない教育の本質

私は公立中学校の理科の教師でした。

定年で退職後、縁あって今の大学で教えています。もちろん、公立学校の教師が大学の教員になることは珍しいことではありません。校長先生のような管理職や、指導的な立場にいた方、修士や博士を取得して大学に移られた方もいます。

しかし、私の場合、そのような経験も経歴もないので、少し珍しいかもしれません。私は中学校の学級担任をはじめ、教務、生活、研究、学年などの主任を経験し、生徒と向き合ってきた、どこにでもいるふつうの教師です。

それではなぜ、ふつうの教師が大学の専任教員として教えているのでしょうか。

それは、この本を読み進めていくと、少しずつ明らかになると思います。今ここで言えることは、中学校でも大学でも教育の本質はあまり変わらないということです。

どのように教えればいいのか

大学では情報科学部、理工学部、生命科学部といった理系の学生を対象とした、中学校や高等学校の教師になるための授業を担当しています。受講生の中には、教師になりたくて入学してくる学生もいますが、とりあえず教員免許だけは取っておこうという学生がほとんどです。

教師になるかどうかも分からない学生に対して、何をどのように教えたらいいのか。「まあ教師にならなくてもいいか」と思いつつも、現状の教育界への憂いから、「専門性が高く、主体性の発揮できる教師を世に送り込みたい」という思いを抱いていました。

さあ、どうしよう。

自分の教師人生を振り返ってみると、長年、生徒と向き合うために、ある方法を実践してきました。それはワークショップ型[*1]の授業と、ポートフォリオという評価方法でした。「何を」はともかく、「どのように」はこの方法があるじゃないか。中学校での実践が、大学の学生に通用するかは全く分かりませんでした。しかし、なぜか根拠のない自信がありました。「社会で活躍できる人材」を育成するために、これまで培ってきた方法を踏襲してみたのです。

学生に「自己肯定感」と「主体性」を

大学で教えるようになって、すぐに分かったことがあります。それは「他者からの学び」が少ないことです。ここで言う「他者」とは、学び合う仲間のことです。受験勉強を勝ち抜いてきた、または、乗り越えてきた学生にとって、仲間から学び取ろうという機会が少なかったことは当然です。同じ大学の理系学部の学生同士でも、自分と異なる見方や考え方をもっている仲間の存在に驚きを隠せません。それは学生のポートフォリオのコメントからもよく分かります。私の授業では「答えのない問いを立てる学び」といったワークショップ型の授業が多かったため、常にコミュニケーションを通じて、自他の差異を見いだし、驚いている様子が見られました。

たとえば、新入生の自己紹介のワークショップのとき、ある学生は「受験勉強が辛くてしょうがなかった」とネガティブな共感を求めたところ、他の学生たちから「限界まで追い込んでいる自分に自信がもてた」「高望みせずマイペースでやっていた」「指定校推薦で楽だった」など、ポジティブな意見やニュートラルな考え方を聞き、愕然とするのです。続けて行った「なぜ理科を学ぶのか」というランキング形式のワークショップでも、「入試や受験があるから」「将来の仕事に役立つから」「自分の視野を広げるため」「地球環境のため」「不思議で楽しいから」など、人によって理科を学ぶ理由が様々で、多様な価値観が存在することに、またもや驚愕するのです。

これから多様な学びを行うのに、他者からの学びが少ないのはマズい。他者からの学びを排除して、自分の変化を嫌い、小さく安定したいと思うのは、さらにマズい。他者からの学びが少ないと、自分の知らない自分のよさに気付けないことになります。なぜなら、自分のよさは他人に指摘されて初めて気付くことが多いからです。受験勉強が悪いとは思いませんが、ずっと同じ尺度で競争してきた状況では、「自己肯定感」の低下が心配です。自分で勝手な尺度や階層をつくり、他者との競争や比較の中で、孤独に頑張ってきたからだと考えました。

また、入試問題のような唯一の正解ばかりを求めてきた理系の学生は特に、正解のない問いや、最適解や納得解のようなモヤっとした解答を求めることが苦手だと考えられます。正解の枠を超え、自ら問いを立てるという、「主体性」を発揮しなければならない本来の問題解決に取り組むことができるのだろうかと心配になりました。

この「自己肯定感」と「主体性」が、この本を読み進めるためのキーワードとなります。

教師にスーパースターはいらない

私は定年退職まで勤めたので、人から評価される教育実践が少なからずあります。それらは一人でできるものではなく、多くの人から学び、真似して、巻き込んでいったものがほとんどです。ただ、主任という立場が多かったので、企画提案やリーダーシップを取らせてもらったのは事実です。

ある日、前ぶれもなく東京都優秀教員の推薦の話が舞い込んできました。

しかし、お断りしました。別にこの制度を否定しているわけでもなく、教育委員会に刃向かっていたわけでもありません。むしろ、学校経営に参画する主任として、協力的であったと思います。まあ、受けても受けなくても、どっちでもよかったのですが、断りました。そのときの経緯はよく覚えています。当時、教務主任だった私と、豪快で尊敬できる校長、切れ者の副校長との打ち合わせの際、次のような会話がありました。

副校長「教育委員会から優秀教員の推薦が来ているんだけど」

私「……」

校長「そんなの欲しくないよな？」

私「はい」

こんな感じで、思わず即答してしまったのです。おそらく校長は、「権威や肩書きにとらわれず、自由で柔軟な発想で、教育活動をさせたほうがこいつは面白い」という考えがあったのだと思います。もちろん、権威や肩書きが必要なときもあると思いますが、私にとっては無用なもの。翌年も同様の推薦が来て、副校長から「今度は断らないでね」と念を押されましたが、やはり辞退しました。

後付けではありますが、「そもそも優秀教員って何だろう」という思いがあります。「あいつは優秀教員なんだ」というレッテルで判断されることにも抵抗を感じます。教師にリーダーは必要ですが、スーパースターはいりません。互いの強みを発揮でき、弱点を補いながら教育を行っているのが理想の教師だと思っていたのです。教育委員会からの推薦には感謝しつつ、「ふさわしい者ではありません」と丁重にお断りをしました。

「学生が選ぶベストティーチャー賞[*2]」ってマジですか?

退職してしばらくは、中学校非常勤教員と大学の兼任講師の掛け持ちをしていました。2年目の終わり、大学の専任教員になることが決まってから、一通のメールが届きました。

「あなたは『学生が選ぶベストティーチャー賞』に選ばれました」

当時は、その賞の存在すら知りませんでした。ここだけの話、怪しい勧誘メールの類いかと思いました。調べてみると、本学の学生が、その年のテーマに沿ったベストティーチャーを選び、理由を記入して投稿、毎年10名程度が選ばれるというものでした。大学のFD[*3]の主催ですが、学生がすべて運営、選考していることも分かりました。また、選考の対象は専任教員にとどまらず、兼任講師を含めたすべての教員です。これは相当の数であり、選ぶ側の学生数も全学部合わせるとかなりの数になります。

事態が明らかになるにつれて、「うれしい」「ありがたい」という気持ちでいっぱいになりました。その昔、東京都優秀教員を辞退した私ですが、学生が選ぶという点において、素直に喜びを感じたのです。それと同時に、「なぜだろう?」という疑問が湧きました。

その年はコロナ禍で、すべてがオンライン授業でした。おそらくブレイクアウトルームを多用し、グループワークによるコミュニケーションを図った点がよかったのだろうと思いました。ところが、翌年もその翌年も受賞が続き、なんと3年連続の受賞、殿堂入りを果たすこととなりました。2年目はオンラインと対面のハイフレックス授業、3年目は完全に対面授業に戻り、年ごとに内容や方法を工夫しました。さすがに3年目となると、学生にとって何がよかったのだろうかと真剣に考えるようになり、自分の授業を省察して明らかにしたいと思いました。

これが、本書をまとめるモチベーションになったのです。

失われる教職の魅力

ご存知のように、最近の教員採用試験（以下、教採）の倍率はかつてないほどの低迷傾向です。従来、言われてきた「経済の景気」と「教採の倍率」が反比例するような単純な関係だけではなく、教職が「ブラック」であると問題視されていることが関係していきます。教育委員会による教採の説明会では、教員の働き方改革やワークバランスなどが強調され、教師の確保に躍起となっています。その理由は明確で、教採の倍率が下がれば教師の質も下がり、教育界全体に悪影響が及んでしまうからです。

また、倍率が下がる理由は、単に教職が「ブラック」というだけではありません。私の大学では、民間企業や研究施設の方が専門性を活かせて将来性があると感じている学生が多いです。学生の意見を聞いていると、「教職だって専門性が活かせて、子どもたちの将来に影響を与えるんだけどな」という気持ちでいっぱいになります。

やはり「教職の魅力」が失われている。「定額働かせ放題」の解消をはじめ、教職の働き方改革は、国や行政機関が必ず何とかしてくれるはずだと期待をしたいです。さもなければ、「教師が足りない、教育の質が下がる」という教育崩壊の危機感は、誰でも感じているところです。しかし、「教職の魅力」を現場の教師が発信しない限り、いい人材が教育界に戻ってくるとは限りません。私は大学に移ってから、そう考えるようになりました。

これもまた、本書をまとめるモチベーションになりました。

この本で伝えたいこと

さて、本書は中学校現場の実践的な学びから、それを大学でどのように活かし、さらに深めたかをまとめたものです。誰でもできるハウツーとか、ありがたい教えとか、流行りの研究とかを書いたものではありません。読者の方に好き勝手に解釈してほしいと思っています。受け止め方は自由です。緩々と楽な気持ちで読んで、願わくは「教職の魅力」をほんの少し感じてもらえれば幸いです。また、「自己肯定感」と「主体性」のキーワードを意識して読み進めると、書名の「枠を超えよ」の趣旨が見えてくるかもしれません。

「私」「生徒」「学生」と主語が変わっても、どのように自己肯定感を高め、主体性を発揮したかということが、どの章からも感じられると思います。そして、「枠を超える」エピソードの数々を通して、教職の魅力が伝わることを願っています。

＊1　**ワークショップ**…生徒や学生などの参加者が、主体的に参加する授業、講習会、研修会、研究集会などを指し、主に学習やトレーニング、問題解決などを目的として活用されている。

＊2　**学生が選ぶベストティーチャー賞**…実際に授業を受けている学生の声を参考に、授業活動の多様な側面に光を当てることを目的として、法政大学が２０１４年度より実施している取り組み。年度ごとにテーマを設け、学生がそのテーマにふさわしいと思う教員に投票する。

＊3　**ＦＤ**…Faculty Development の略。大学の教員が授業の内容や方法を改善し、向上させるための組織的な活動。

第1章

自己肯定感なくして主体性は生まれない

「自分って意外とすごいじゃん」と思えば、根拠なき自信が生まれ、主体性の足場ができます。すなわち、「ありのままの自分には価値がある」という自己肯定感が高まると、自ら「枠を超え、アイディアを構築する」ことができるのです。本章では、「いいところ探し」のワークショップ、中学校の「考察」の時間、大学生の成績曲線から見えてきたものなど、自己肯定感と主体性に関する私見の一端を語ります。

掃除当番と花壇づくりの違い

大学のある授業で話した、中学校での一コマです。

春の体育大会が近づき、放課後のクラス練習や個人の種目練習に熱が入ると、教室の掃除が滞ることがありました。そんなある日、最後に練習から戻って来た生徒の数人が、当番でもないのに勝手に教室の掃除をしてくれたのです。

先生が「ありがとう」と伝えつつ理由をたずねると、生徒は「だって教室が汚いと、気持ちよく授業が受けられないから」と答えました。

中学校の担任をしていると、よくあるうれしい光景です。

また、ある日、一人の生徒が花壇に「花を育てたい」と言って、勝手に技術科の先生に頼んで種や苗をもらってきたことがありました。一階の教室のドアを開けると、目の前に長らく放置された花壇があり、それを整備したいというのです。

先生「いいよ。植物の観察でもするの？」

生徒「いや、教室から花が見えると気持ちがいいから」

さすがにこれは稀なケースです。

さて、この2つの話には共通している点があります。何だと思いますか？

学生「生徒の素晴らしい活動」たしかにそうです。

学生「きれいにしたいという公共心」素晴らしい。

学生「生徒が勝手にやっていること」これもその通りです。

どれもいい回答です。それでは、異なる点は何でしょうか。

学生「日常的と非日常的な出来事の違いですか？」

これは鋭い着眼点です。実は、「勝手にやっていること」という共通点には、少し異なる点も含まれます。教室の掃除当番は、普段から決められたルーティンの中での行為です。しかし、花壇づくりは、何をすべきか決められていない「枠」を超えた行為と考えることができます。この「枠」があるかないかで話が変わってくるのです。枠の中では「自主的」な活動となり、枠を超えると「主体的」な活動と解釈できるのではないかと思います。

生徒が育てた野菜

この「枠」から、「自主性」と「主体性」の違いが見えてきます。どちらも自らの意志による素晴らしい生徒の活動なのですが、「枠」を超えるか超えないかは、教育の視点から捉えると大きな違いがあるのです。

後日談ですが、先ほどの花壇づくりの生徒が中3の冬になって、都立高等学校の推薦試験を受けることになりました。そして、私が模擬面接の相手をしたときのことです。

私　「本校を志望する理由は何ですか」
生徒「貴校には東京一と言われている文化祭があるからです」
私　「それでは、将来の夢は何ですか」
生徒「農業を学んで起業することです」
私　「いいですね。それならば文化祭で農業ベンチャーを立ち上げてみたらどうですか」

生徒「なるほど、その手がありますね」

面接練習のつもりが、進路アドバイスになってしまいました。

教室の窓から見える花壇には、その生徒が勝手に植えて育てた野菜が立派な実をつけていました。

「主体性」はこう考えるとうまくいく

なぜ、この掃除当番と花壇づくりの話をしたかというと、大学の授業で「主体性」の捉え方が学生によって異なっていたからです。教職課程の科目では、「主体的・対話的で深い学び」とか「主体的に学習に取り組む態度」など、よく「主体的」という言葉が登場します。ところが、学生は主体性と自主性を曖昧に捉えていることが分かりました。もちろん、グーグルで検索すれば、その違いは明確に書かれていますし、文科省の説明する「主体的」の意味は理解できるのです。しかし、具体的な場面になると、どうも腑に落ちないようです。

かつて、主体性が大事であると言われ始めた頃、教育系民間企業が「主体性」について、中学生を対象に調査したことがありました。正確には覚えていないのですが、調査の形式は、「主体的」と思われる活動と、そうでない活動を選ぶものだったと思います。例えば、授業中に黒板を写す学習は主体的ではない、自分で練習問題を解くことを主体的であると考えているというような結果が報告されました。この調査結果によると、子どもたちは「主体的な活動＝自主的な活動」と考えていることが分かりました。

これについて、当時、市内の理科の先生方と研修会で議論したことがありました。

先生A「座学でない実験そのものが主体的な学びでしょう」

先生B「誰がやっても結果が決まっている実験を主体的と言えるのかな？」

先生C「実験方法などを自ら考えて行うのが主体的な活動だと思う」

教師の経験の差に関わらず、主体的な学びの捉え方は様々です。「主体的な学習を促す」「主体的な授業の在り方とは」「主体的な学びなんか本当にできるのか」など、多くの議論を巻き起こしてきましたが、そもそもの主体性とは何かを具体的な場面で考えたとき、捉え方が人によって全く異なるのです。

恥ずかしながら私自身も「主体的な探究活動を促す理科授業の創造」というタイトルで、ある賞[*1]を受賞したことがありました。その後も「主体的」と名の付く論文を平気で書いていたのですが、当時は主体性についてよく分かっていなかったと思います。

私の中で、「主体性とは何か」が大きなテーマとなっていました。突き詰めると「主体」は哲学のテーマであり、その手の書物を読んでも余計に分からなくなりました。反対に、「主体的」を曖昧に捉えると、なんでもありのモヤっとした感覚になります。今でも明確に答えることはできませんが、教育実践を通して「こう考えるとうまくいく」というものが見えてきました。それは主体性を、狭い意味で「アウトプット」、広い意味で「枠を超える」と捉えることです。そして、枠を超えた結果、「アイディアが生まれる」と考えているのです。

次の文章は、主体性と自主性の違いについて議論したときの学生のポートフォリオの記述です。

主体性と自主性とは違う。こんな意見が出てきた。自分の見解だが主体性とは問題提起して立ち向かうことで、自主性とは既存の問題に立ち向かうことであると考える。考えれば考えるだけ混乱した。「主体的で対話的な深い学び」これだけを聞いてもピンと来る人は多くないだろう。最初はなんて浅はかな考えなんだとも思った。しかし、グループで意見交換したり辻本先生の話を聞いたりすると、この文章の背景や意味が分かった気がする。いま必要なのは発信することなのではないか。教育を受ける児童生徒や教育を受けさせる保護者に向けて、外部に、この文の意味を分かりやすくきちんと伝える力や場所が必要であると考えた。

「主体的と自主的は違う」という意見がとても印象に残った。自主学習（宿題）は自主的。その中で、知りたいこと・興味のあることについて調べることは主体的なのかなと考える。自分から発することも主体的でもあれば、自主的にもなると考える。その違いを作るのは、「なぜ自分から発するのか」という点とする。すると、宿題を自分から行うことはやらなければいけないことであり、やればその分良い評価をされることである。しかし、その中でさらに調べ学習を行うことは、マストではなく、良い評価をされるわけでもない。そこには、無意識的に自分自身を高めようという心が隠れていると思う。部活動で考えると分かりやすい。役職などを割り当てられると、仕事がマストであるので、自主的に行動をする。しかし、部活という組織をより高めようという心があれば、役職関係なく主体的な行動が起こるということだと思う。授業でも、組織でも、やはりそのような心を持ってもらうことが重要であり、最も考えるべき難関事項と言えるだろう。

「いいところ探し」のワークショップに参加してみて

平成10年の学習指導要領に「総合的な学習の時間」が初めて登場しました。ゆとり教育の目玉として、「自ら発見し、自ら学び、自ら考え、自ら行動し解決する」という、「自ら」だらけの目標でしたが、具体的な指導内容は示されず、環境、福祉・健康、国際理解、情報などが例示されただけでした。学習指導要領を受動的に捉えていた多くの教師は戸惑いました。しかし、私のように「勝手に面白く」解釈し、主体性が発揮できるとポジティブに捉えた教師もいたはずです。突然、指導内容を考えなければならなくなり、当初はワケの分からない授業もたくさん行われました。

当時、研究主任だった私は、手始めに「国際理解」から取り組もうと決めていました。外国の方とふれ合えば「国際理解」になるという安易な考えから、市内の在留外国人の方を紹介してもらえるよう、何のつながりもない地元の国際交流協会にお願いに行ったのです。そこで、日本語教室で学ぶ外国人の方を紹介してもらいました。ところが交換条件として、国際理解を推進する教員ワークショップ[*2]の立ち上げに協力してくれないかと依頼され、その結果、発起人の一人にさせられてしまいました。実はこの教員ワークショップが、私の教育観を大きく変える一つのきっかけになったのです。詳しくは第7章で述べますが、ここでは、特に影響を受けた事例を先に紹介しておきましょう。

それは、「いいところ探し」のワークショップです。

「いいところ探し」とは、初対面の人たちとグループをつくって自己紹介をし合い、その少ない情報から「いいところ」を見つけ、一枚の紙に書いていくというワークショップでした。人数分の記入スペースができるように、あらかじめ紙に折り目を付けておきます。一人目のいいところを紙の下の方に書き、その部分を見られないように折って、次の人に回します。その紙を次から次へ回して、全員が書き終わると自分のところへ戻ってくるという仕掛けです。

初めて参加したときのことを覚えています。その紙を開いてみると、今までに聞いたことがないような褒め言葉が目に飛び込んできて、思わずニヤッとしてしまいました。こんなに褒められたことは初めて、まして初対面の人にです。私の場合、「なぜか炎の料理人のようだ」「二十四時間戦える男」「包容力があり、誰からも信頼されていそう」「実は一人熟考して孤独を楽しんでいるかも」などでした。自己紹介の話を根拠にしたものや、全く身に覚えのない想像で書かれたものまであって、実に愉快なものでした。二十数年前のことでも鮮明に覚えているくらい、自分にとってうれしい出来事だったのです。

「自分って意外とすごいじゃん」

ワークショップの振り返りとして、講師の先生は「自分って意外とすごいじゃん」と思える気持ちが大切であると、セルフ・エスティームの話をされました。当時、セルフ・エスティームは聞き慣れない言葉であり、日本では自己肯定感や自尊感情に近いものだとも

話されていました

セルフ・エスティームとは、「自分を肯定的に認め、自分に自信を持ち、自分を価値あるものと誇れる気持ちのことです。これは他の人からどう見られているかではなく、自分が自分自身をどう思い、感じるか」であると、スーザン・ファウンテンの『いっしょに学ぼうLearning Together』[*3]に述べられています。さらに、セルフ・エスティームの高い子どもたちは、「他者を肯定的に捉える傾向があり、豊かな人間関係を作りやすく、異文化を背景に持った人たちに寛容な態度が取れ」、「困難な場面に出会っても、他者に依存するのではなく、進んで問題を解決しようとして、逆境の中でも希望を捨てずに行動できる」と考えられています。

講師の先生から、国際協力や国際貢献で大事なことは、セルフ・エスティームを高め、隣の人とどうやってうまくやっていけるかであるという話を聞いたとき、教室に外国人の方を呼んで交流すれば国際理解になると勘違いしていた自分の見識のなさに気付かされました。さらに当時、力技で理科教育と生活指導しかやってこなかった自分からすると、目からウロコの考え方だったのです。

早速、クラスで「いいところ探し」を実施したところ、自分と全く同じ反応で、「自分って意外とすごいかも」「すごいぞ」「すごいじゃん」という声が聞こえてきました。普段は笑顔一つ見せなかった生徒も、「いいところ探し」の紙を開いたとき、クスッと笑ってくれたのです。そして、その紙をペンケースの中に大事そうにしまっている姿を私は見逃しませんでした。

以来、生徒にセルフ・エスティームを伝えるときは、「自分って意外とすごいじゃんと思える気持ち」と表現しています。その後、セルフ・エスティームを「自己肯定感」という言葉に置き換えるようになりました。

辻本流ファシリテーションの極意

中学校の学年開きや大学のガイダンスでも、必ず「いいところ探し」のワークショップを行っています。ここでは、私がファシリテーター[*4]として、授業や研修会で「いいところ探し」のワークショップをどのように行ったのかを紹介します。

その前に、「ファシリテーターって何ですか？」と疑問に思う方もいるでしょう。今ではビジネス界や教育の現場でも耳にすることが多くなりましたが、その当時は誰も知りませんでした。ざっくりと言うと、ファシリテーターはワークショップなどの仕切り役みたいなものです。当初、「メッセージ性のある進行役」と考えていましたが、現在では「参加者のいいところを引き出す学びの促進者」と解釈しています。授業では基本的に教師がファシリテーターを務めますが、グループワークをより進めるために、中学校ではグループリーダーが、大学では学生が交代でファシリテーターの役割を担ってもらいました。私は、そのファシリテーターをMC[*5]と呼んでいます。

さて、ここからが本題です。

ワークショップは教師のファシリテーション力が問われます。そこで、辻本流ファシリテーションの極意を簡単に説明しましょう。より詳しく知りたい方は付録資料をご覧ください（巻末に「ダウンロードの手順」を掲載しています）。

「いいところ探し」は学校行事などの振り返りでも使えますが、ここでは授業や研修会の初回に自己紹介を兼ねて行うワークショップを想定しています。人数は4人から6人まで、なるべく初対面のグループがベストです。

まず1分間で、最近のうれしかったことなどを含めた自己紹介を行います。自己紹介の合間には、話し方の上手な人、視線や笑顔のいい人、身振り手振りを使っている人などを見つけて褒めていきます。また、聴き手が質問していたり、共感したり、自然と拍手が湧いたり、コミュニケーションが成立しているグループを褒めます。つまり、ファシリテーターの判断でいいところ探しを続けるのです。最後の自己紹介になる頃には、どのグループも初対面とは思えないぐらい、よい雰囲気になります。そこで、あえて「ノーリアクション」を提示します。ここが辻本流の面白いところです。

「最後はもっとも高いレベル「ノーリアクション」でいきましょう。聴き手の視線は話し手に向けますが、反応してはいけません。話し手はノーリアクションを打ち破って笑顔を取りにいってください」

聴き手の反応がない中、話し手は悪戦苦闘します。この体験から、参加者の多くが「コミュニケーションは聴き手が大事」ということに気付きます。「話し上手は聴き上手」という格言の通り、聴き手に高いスキルがないと、グループワークは成立しないのです。

次に、一番大事な「いいところ探し」です。ファシリテーターは、参加者の人数より少し多い6から8等分に折り目を付けた短冊を全員に配ります。各自が一番上に名前を書き、隣の人に短冊を回します。紙を受け取った人は、一番下のスペースにその人のいいところを書き、見えないように紙を折ってから、次の人に渡します。ファシリテーターは、こう伝えておきます。

「自己紹介を頭に浮かべながら、想像や妄想でも、文章でも単語でも、何でも構わないので、いいところをたくさん書いてください」

最後に、自分の短冊が戻ってくると、そこには人数分の自分の「いいところ」が書かれているわけです。「開いてください」と合図を出し、期待と不安が入り交じる様子を観察します。一文読んでクスッと笑う人、真剣なまなざしが笑顔に変わる人、恥ずかしくてじっくり読めない人など、様々な反応が観察できます。振り返りのときには、感謝の気持ちと同時に「最近ほとんど褒められたことがなかったな」「自分って意外とすごい」などと声に出している人もいます。

特に、本人の自覚していない「いいところ」が紹介されると、「勘違いじゃない？」と照れつつ、「いや、そうかもしれない」と思い始めてうれしくなるものです。初対面同士はバイアスがないので、むしろ効果的でもあります。

「いいところ探しの紙をペンケースに入れておくといいですよ。苦しいときにその紙を開いてコメントを読めば、前向きな気持ちになれるかもしれません」

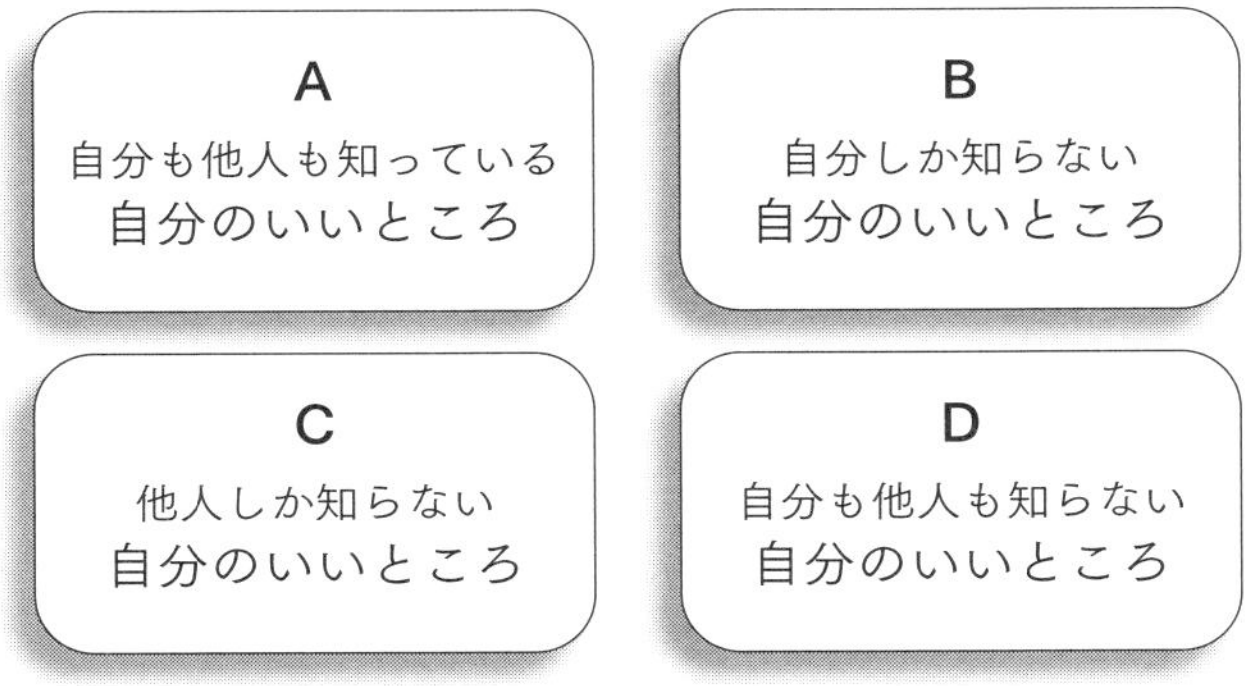

と最後に伝えておきます。

「いいところ探し」では、「自分って意外とすごいじゃんと思える気持ち」と同時に、他者に対する感謝の気持ちをもたらしてくれます。これが、人間関係の構築に役立ちます。

また、その人の隠れた資質や能力を、顕在化させる機能があると言えます。たとえば、上の図のように、ジョハリの窓[*6]を真似した「いいところ探しの窓」を使って説明してみます。

Aは誰でも認める開放されたいいところ、Bは隠されたいいところ、Cは他人しか知らない盲点的ないいところ、Dは誰も知らない未知のいいところとします。いいところ探しのワークショップでは、CやDが発見されます。想像や妄想でも大丈夫としているので、指摘された本人は唖然とすることもありますが、言われてみて「そうかもしれない」と思うこと、つまり錯覚することが大切なのかもしれません。

考察の時間を阻むものの正体

総合的な学習の時間が始まった頃、理科でもワークショップを取り入れた授業を行うようになりました。

当時、理科の教科書では、「導入の場面の工夫」「予想や仮設の設定」「興味を引くような面白い観察や実験」など、わくわくするような仕掛けが掲載されていました。しかし、教科書の性質上、致し方ないのですが、どうしても「学習のまとめ」がその直後に続くのでした。「考察」らしき内容もあるのですが、すぐ「結論」にたどり着いてしまいます。

理科の教師は、観察や実験の後、板書を使ってまとめを行い、生徒はそれを書き写して覚えることに集中します。つまり、知識を暗記するための観察や実験になっていたのです。

したがって、生徒はすぐに答えを求めてしまいます。

これでは「思考力」は身に付かない。

せっかく、導入で感じた不思議や疑問が解決されないまま、観察や実験で新たに発見した課題もスルーし、結果の整理をせず、すぐに教師がまとめてしまう。このような自分の授業に違和感を抱き続けていました。今では当たり前のように行われている「探究的な活動」も、そのときは全くできていなかったのです。まして、その当時の完成度の高い、誰でもできるレシピ型の観察や実験では、余計に考える力が身に付かないと思いました。

そこで、観察や実験の次の授業では、生徒が主体性を発揮できる「考察」の時間をたっぷり設けることにしました。まず生徒一人一人が考察を行い、グループで議論をしながら一つの考察にまとめ、それを黒板に書いてクラス全体で共有するというワークショップ型の授業展開にしたのです。

ここで、２つの問題が発生しました。１つ目は時間的な問題、２つ目は勉強のできる生徒の考察にシフトしてしまうという問題です。

詰め込み教育からゆとり教育に変わり、多くの教師は授業に余裕ができると思っていました。しかし、学習内容だけでなく授業時間も減ったので、余裕は生まれません。それどころか、削減された学習内容を補完するための工夫に時間を取られ、結果的に時間が足りないことがしばしばありました。そこで、単元計画では大胆に軽重を付けて、授業では教師による「まとめ」を極力減らし、練習問題は家庭学習に回すことによって、生徒に任せる「考察」の時間を必ず1時間は取るようにしました。

さて、2つ目の方が大きな問題だったのです。

グループ活動では、どうしても勉強のできる生徒の意見に影響されてしまう。現在でも同じような問題が議論されます。つまり、できる生徒の考察を、他の生徒が丸写ししてしまうということです。一見、話し合いによるグループ活動が成り立っているように見えるのですが、教科書や黒板を写す代わりに、できる生徒の考察を写すことになり、他の生徒の思考力を育むことができないのではないかと考えました。できる生徒が話し合いの中心となり、残りの生徒はただ聞いているだけでも、何らかの学びはあると思います。しかし、これが継続的に行われると、やはり自分なりの考えをもちづらくなるでしょう。勉強ができる／できないという尺度だけで、協働的な学びが形骸化するならば、それこそ個別最適な学びに徹した方が合理的かつ効率的です。

私はこの「考察」をじっくり観察することで、いい話し合いをするには、いくつかの共通点があることに気付きました。

「勉強ができる／できないという他人との比較ではない」
「自分の考察には価値があると思える尺度をもつ」

つまり、話し合うという「アウトプット」を成り立たせるためには「自己肯定感」が必要だと考えたのです。

勉強の苦手な生徒が、できる生徒に遠慮なく気楽に教えてもらえる関係性、そこに「自己肯定感」が関係しています。また、苦手な生徒ができる生徒に対して、「よく分からない」と平気で言えることを目指したのです。もっと過激に言えば、「おまえの教え方だとよく分からない」と言える関係をつくりたかったのです。勉強のできる生徒には、「自分だけ理解しても意味がない」「他人に説明できて初めて学びだ」と言い続けました。できる生徒はあの手この手で教え始めます。教えることで、新たな見方や考え方を発見することもあります。教師は完全にファシリテーターに徹して、生徒の学びを見取り、促進していくのです。

さらに、グループリーダーにファシリテーター（ＭＣ）役を任せました。

「リーダーがメンバーの学びを引き出す」
「メンバーの発言を一切否定しない」

「みんなで頼りながら学びを成立させる」

このようなルールが自然と出来上がっていきました。

そして、アウトプットを重視するため、私は「他のグループと対決するぞ」と煽り始めました。つまり、グループごとに合意された考察や結論を発表し合い、どのグループが妥当なのか、根拠をもって考察しているか、説明やグラフ、図解などが分かりやすいかなどを、互いに評価し合い、高め合う仕組みをつくっていったのです。

その際、私は結論が異なるグループを見つけては、議論に持ち込むように仕向けました。また、似たような結論でも考察のプロセスや表現の仕方が異なるグループ同士をぶつけて、差異を発見するように促しました。これもファシリテーターの役目だと思います。

教師が黒板を使ってまとめるよりも、この考察の時間の方が、はるかに生徒が主体的に学んでいると感じられました。教師よりも教え方の上手な生徒が現れてきたとき、それを私は見逃しません。生徒の学びを見取ることが楽しくなり、いい発言や考え方、たとえ間違っていても、そのプロセスを評価していきました。もちろん、生徒の学び合いの中で理解が足りないところがあれば、教師による解説を行いました。

自己肯定感なくして主体性は生まれない

この一連の「考察」の経験は、教師がファシリテーターとして一人一人の自己肯定感を高めることで、主体的な学びを引き出すことができると考えるきっかけとなりました。

さて、本書のキーワードは「自己肯定感」と「主体性」です。これらは、私が中学校教師の頃から長年考えてきたテーマですが、大学で授業をするようになって、さらに分かってきたことがあります。

それは、ありのままの自分の価値を認め、その「根拠のない自信」を醸成させると、「最強の自己肯定感」が育まれるということです。そして、「自己肯定感なくして主体性は生まれない」のです。つまり、ありのままの自分を認める気持ちがなければ、自ら枠を超えようという主体性は生まれないということです。

このことが、私の教育観の土台になっていることが改めて分かってきたのです。

世の中における「自己肯定感」の定義は曖昧です。私の中では、「ありのままの自分には価値がある」「根拠のない自信が最強の自己肯定感」「自分って意外とすごいと思える気持ち」などと解釈しています。

「自己肯定感なくして主体性は生まれない」

これは生徒や学生に向けたメッセージというだけではなく、私自身に向けられたものでもありました。枠を超え、アイディアを生み出すことで、新たな価値観が構築されます。常に問い続けることを厭わず、変化を恐れない覚悟でもあるのです。

成績曲線から見えてきたもの

中学校教師時代、わりと早い段階から、学級活動や道徳の時間で、成績曲線を取り入れた自己紹介を行っていました。成績曲線とは、学校の成績がどのような状況で変化したかが分かるグラフのことです。横軸に小中高大の学年の数字を取り、縦軸に学校の成績を五段階の評定とすると、一人一人の成績曲線を作ることができます。私自身の成績曲線を生徒に提示することで、生徒に自信をもってもらいたいというねらいがありました。

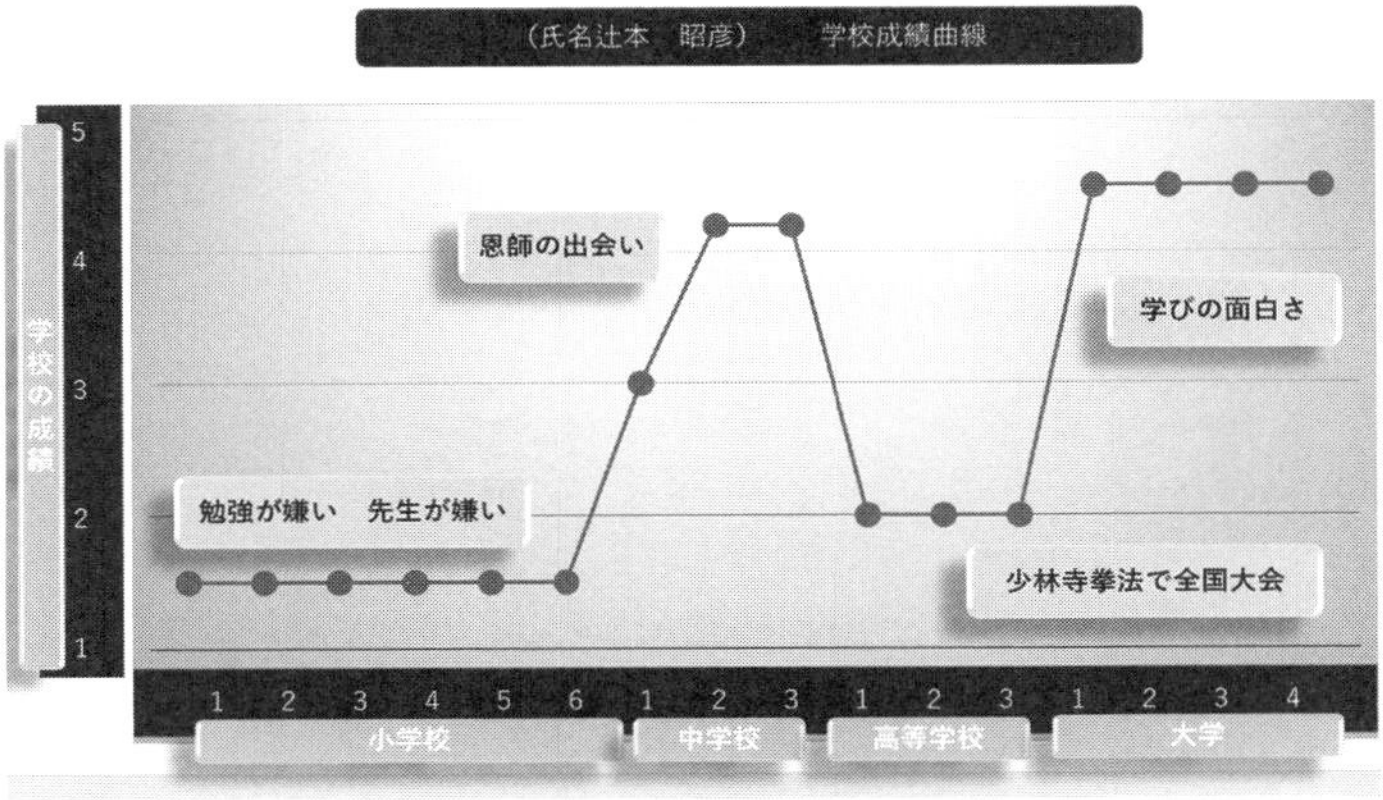

そのグラフは、小学校では勉強が嫌いで成績は悪かったが、中学校に入ると先生や友人のおかげで成績が伸び、高校では部活に夢中になって成績は下がり、大学では自分で学ぶことの面白さに気付いて成績は上がったというようなものでした。そして、エピソードを交えながら、黒板に描いた成績曲線を説明し、最後に「学校の成績は何らかの出会いや理由でアップダウンする」「人生は何が起こるか分からない」「たとえ今の成績が悪くても大丈夫だ」というメッセージを込めていました。

この成績曲線を、大学の授業でも使ってみました。成績曲線の描けるエクセルデータを送り、学生一人一人に曲線を描いてもらったのです。昭和の高度成長期時代では、小学校でも５

ある教育学部のデータ

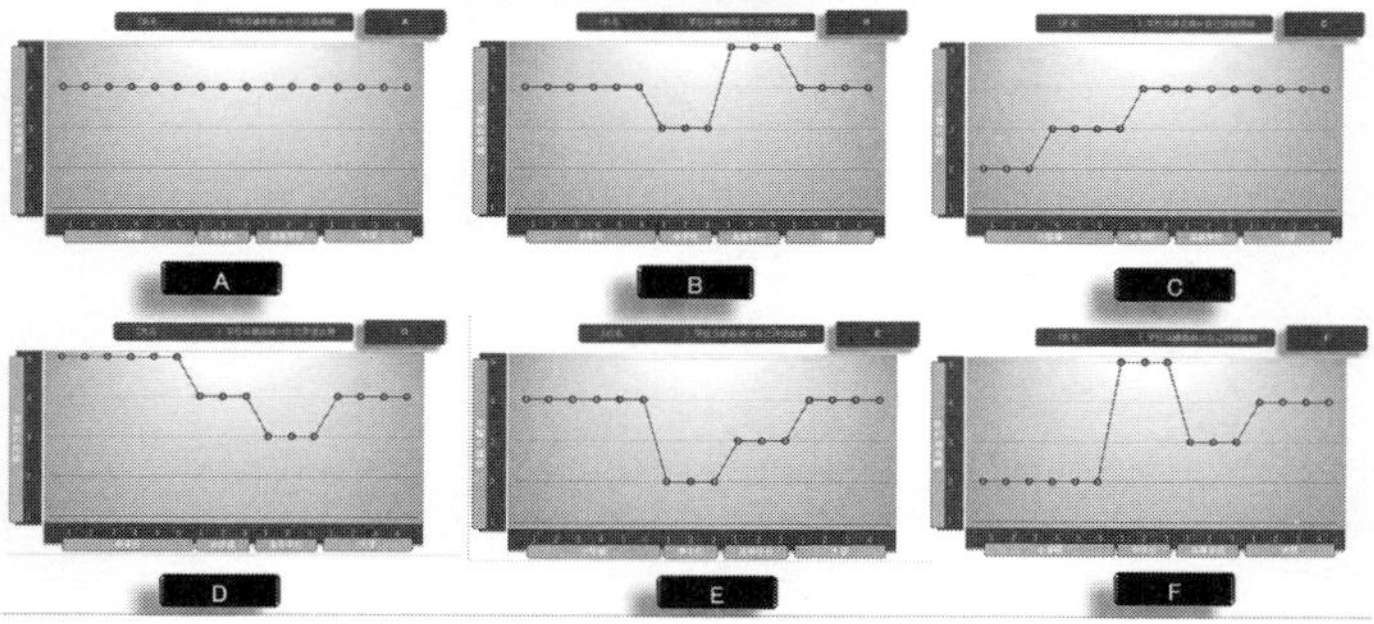

段階評定をしていたのですが、今はそれがないので、小学校の成績は大体で描いてもらいました。そして、グラフにはなぜその成績だったのか、アップダウンの理由や根拠をラベリングしてもらい、その後、完成した成績曲線をグループの中で発表し合うという授業でした。

もちろん、個人情報なので無理に公開しなくてもいいと述べましたが、学生は自分の成績の履歴を振り返ることがなかったので、面白がっているようでした。自分をさらけ出すことにあまり抵抗がないようで、他のメンバーのプレゼンにも興味津々でした。

あるグループのプレゼンでは、「こんな変化のない自分が嫌で嫌でしょうがなかった」と突然カミングアウトしたＡさんがいました。Ａさんよりも先に自分の成績曲線を面白おかしく説明していたEさんが、「ずっと4の成績曲線を保つことはすごいことだよ」と声をかけます。いいところ探しをしてくれたのです。Aさんは「初めて褒められた気がした」と感激していました。Aさんは、親や教師の言うことに従って、いい子でいたいという気持ちが強く、自分をアウトプットすることができなかったと語っていました。

ここで一つ分かったことがあります。それは、学校の成績と自己肯定感は、必ずしも一致しないということです。アップダウンを繰り返しても、ありのままの自分に自信があり、自己肯定感の高い人は「レジリエンス（回復力）」が高いという見方ができます。この回復力を引き出すためには、やはり自己肯定感を高めることが必要だと思いました。大学でも、これは教師の役割の一つだと考えたのです。そして、ずっといい成績を保ちながらも自己肯定感が低く、主体性を発揮できずに、親や教師の引かれたレールをただ歩いてきたことに、大学生になって初めて気付いたAさんのような人が、一定数いることも分かりました。

この授業を通して、「自己肯定感なくして主体性は生まれない」ことを確信しました。

大学の教育実習前の授業では、成績曲線から分かることについて、学生たちに伝えまし

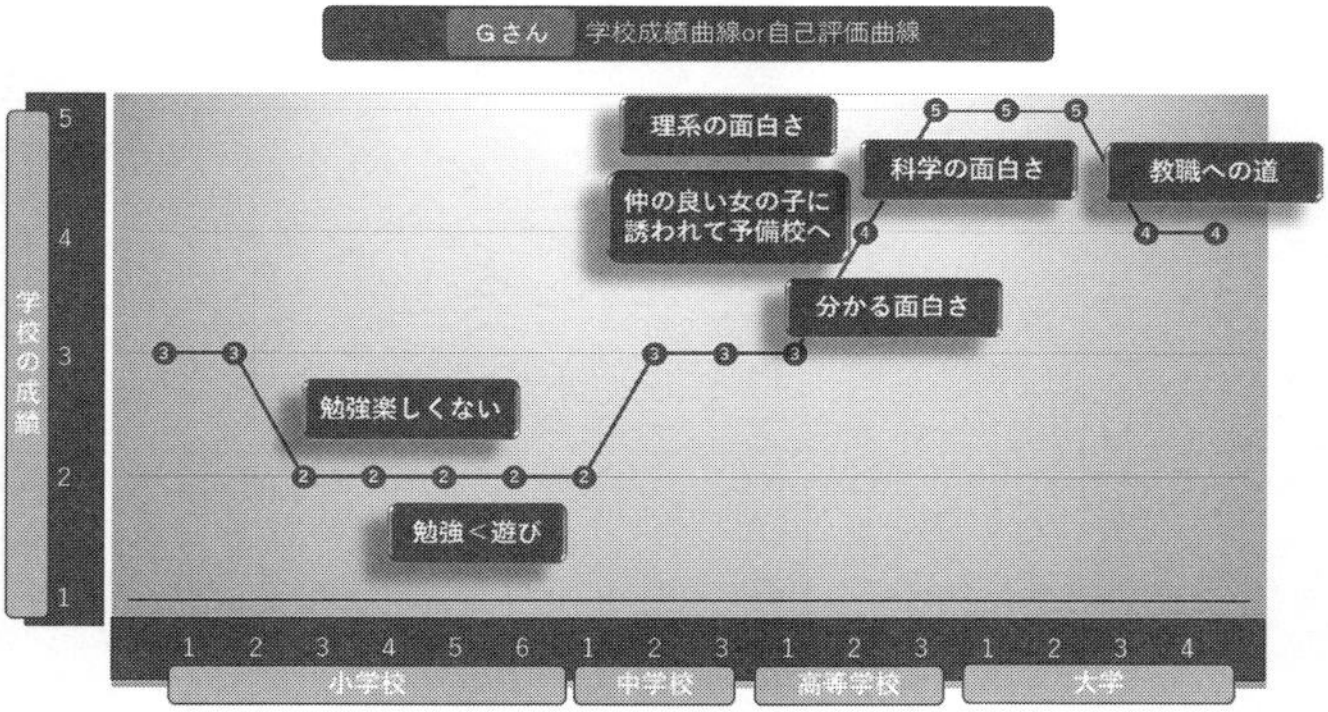
Gさん 学校成績曲線or自己評価曲線
学校の成績
理系の面白さ
科学の面白さ
教職への道
仲の良い女の子に
誘われて予備校へ
分かる面白さ
勉強楽しくない
勉強＜遊び
小学校
中学校
高等学校
大学

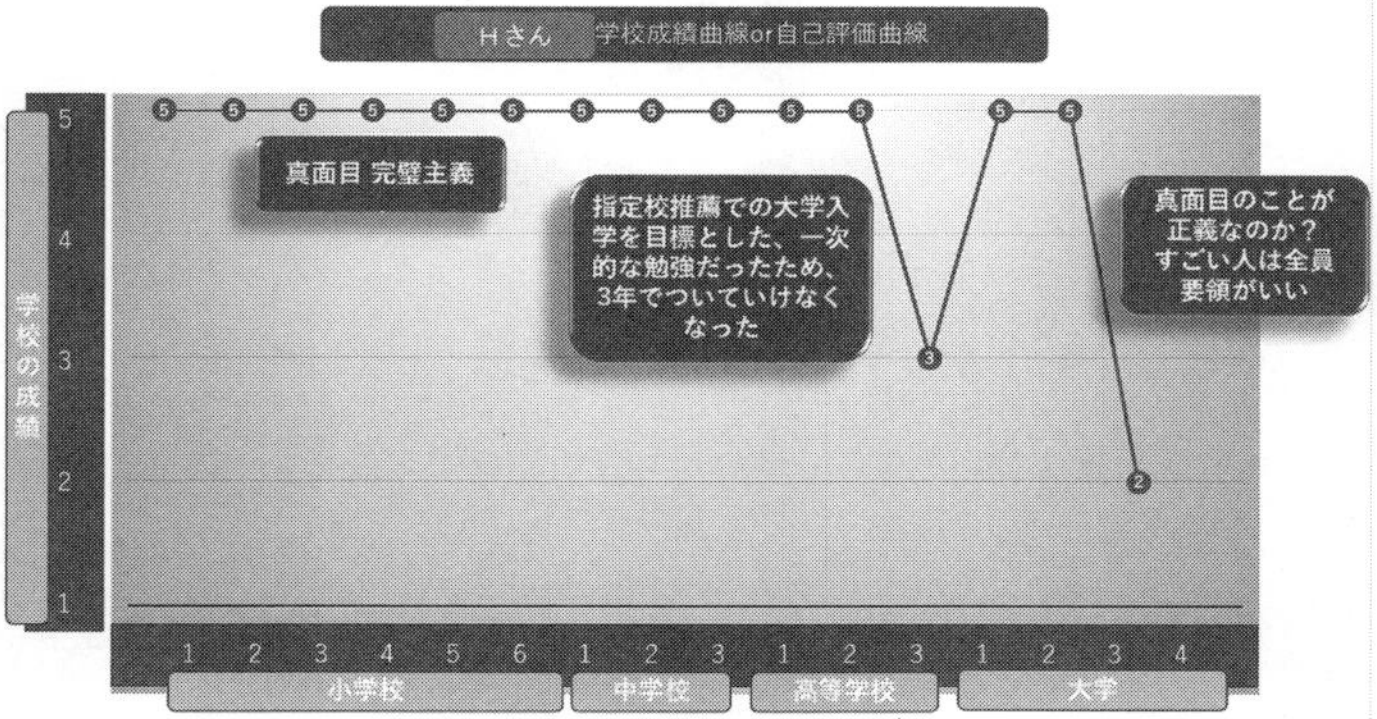
Hさん 学校成績曲線or自己評価曲線
学校の成績
真面目 完璧主義
指定校推薦での大学入学を目標とした、一次的な勉強だったため、3年でついていけなくなった
真面目のことが正義なのか？すごい人は全員要領がいい
小学校
中学校
高等学校
大学

た。44、46ページの図のように、学生たちの成績曲線の分布は様々です。自分たちの成績曲線がそうであるように、教室にはいろいろな生徒がいて、いろいろな可能性を秘めていること、また、自己肯定感が回復力を生むという話もしました。

卒業生が語ってくれた思い

教職課程を受講していた学生が、サポート校*7の教師になりました。初めて相談に来たときは、私立高校の化学の教師を目指していましたが、なぜ教師を目指すのか、考えを巡らせるうちに、サポート校の教師になることを決断したのです。教職採用試験の合格者体験発表会で、理系学部の学生がなぜサポート校の教師になるのか、彼女の体験談を発表してくれました。そのときのテーマが「普通とは何か」でした。就活中にサポート校に出会い、教育の本質に迫っていったことを語ってくれました。また、彼女は大学の「教職課程年鑑」という紀要にも、次のような思いを語ってくれました。その一部を紹介します。

皆さんにとって「普通」とは何ですか。私は「普通」とは、大多数の意見のことだと思っています。サポート校に通う生徒たちは「普通」ではないと思います。何か問題があってサポート校に通うことになっています。さて、「普通」ではないと変でしょうか、悪いことでしょうか。いいえ、変でも悪いことでもないです。それは個性なんです。一人一人が可能性の塊なのです。何か秘めているから、周りとの違いを感じているだけなのです。

私は、緊張しやすく、緊張すると吐き気を催したり、お腹を下したり、貧血を起こしたりします。しかし、周りの人たちはそのことを知りません。体育祭で応援団長をやったり、美術部の部長を務めたり、高校は成績トップで卒業したり、何でもできるように思われています。ですが、その周りの反応は時に重く感じます。「私は完璧でなければならないんだ」と考えてしまうのです。その考えが逆に自分の首を絞めてしまうのです。こうやって今客観的に書いているということは、どういうことか。それは周りに自分は実はこういう人だよということを言えるようになったということです。**なぜそうなったかというと理科教育法の授業のおかげです。自分の意見が大事にされる場所、自分を出せる場所であり、いいところ探しなどが私を変えてくれました。**

紀要を取りまとめていた教職担当の先生から「辻本さんの授業のことがよく分かる文章がありますよ」と教えていただき、この文章を読みました。どれだけうれしかったことでしょう。

これも「自己肯定感なくして主体性は生まれない」と実感できる一つのストーリーです。私は彼女がどんな授業をしているのか、どのように生徒と関わっているのか知りたくなり、サポート校の授業を参観させてもらいました。それは生徒に寄り添い、いいところを引き出している素敵な授業でした。

＊1　**ある賞**…第36回日本教育連合会賞
＊2　**教員ワークショップ**…武蔵野市国際交流協会が立ち上げた国際理解教育を推進する学習会。
＊3　**スーザン・ファウンテンの『いっしょに学ぼう Learning Together』**…イギリスで開発された国際理解教育の解説と活動事例集。セルフ・エスティーム、コミュニケーション能力、協力する力という教育の基礎を幼児期から伸ばすことの必要性を分かりやすく解説している。
＊4　**ファシリテーター**…学びの促進者。目的を達成するために特定の考えに立たず、自分の意図するところに誘導しない立場で支援する人のこと。
＊5　**MC**…Master of Ceremony の略で、司会者や番組の進行役のこと。グループワークのファシリテーターと

してメンバーの能力を引き出す役割を担当する。

＊6　ジョハリの窓…自己分析から他者との関係を知り、コミュニケーションを模索する心理学のモデルツール。

＊7　サポート校…高等学校卒業程度認定試験合格のための学習支援を行う教育施設。

第2章

教材は遊びから生まれた
—ものづくりこそ理科の使命—

サイエンスには遊びから学ぶ要素が多分にあります。遊びは探究の源泉であり、遊びに伴う発見や創造によって、主体性が引き出されるからです。特に、「ものづくり」はサイエンスには欠かせません。本章では、ジェットコースターモデルや自作できる発電モデルの授業、ボーリングゲームを取り入れた授業など、遊びから生まれる探究活動の様子を紹介します。

レシピのような理科の実験

新卒以来、授業ではワークシートを作成していました。今では、多くの教師がワークシートを使っていますが、当時はまだ珍しかったのです。先輩から「教科書を再編成でもしているのか」と言われましたが、なるほどそれもあると思いつつ、勉強の苦手な生徒が授業の流れを確認できるようにすることが目的でした。そのおかげで、教科書の文脈をより深く読み込む習慣が身に付きました。

ゆとり教育が始まる少し前、中学理科の教科書は知識偏重な展開から、少しだけ生徒に寄り添った工夫が見られるようになりました。特に、誰でもできる、精度の高い実験が掲載されるようになり、理科教師にとっては心踊る思いでした。

早速、新しい教科書の実験を行ってみたら、見事に生徒全員が成功する結果となりました。しかし、私はなぜか違和感みたいなものを覚えました。それは、「実験って成功率百%でいいのか?」という疑問でした。同僚の理科教師とは、こんなやりとりをしていました。

同僚「今までは演示実験で終わっていたものが、生徒自らできるんだよ。それがなぜいけないの？」

私「確かに教科書の実験は素晴らしい。でも、成功率が高すぎるんだよ」

同僚「なぜそれがいけないの？　失敗するよりはマシだろう」

私「生徒は考えながらやっているのかな？　まるで料理のレシピのような実験だよ」

当時、そのように考えていた教師は少なかったかもしれません。私は簡単な自作の実験教材を通じて、たくさんの失敗から学んでいました。生徒も同様に、不完全な実験教材を自分なりに工夫しながら学んでいたのです。成功率百％の実験よりも、失敗から学ぶことに価値があると思っていたからかもしれません。せっかく導入で課題を理解し、予想や仮説なんかを考えて、実験に臨んでも、百発百中の実験では結局正解を求めてしまいます。生徒は、教師が板書に示す「実験のまとめ」を覚えるだけになってしまうのではないか。まだ、「考察」の時間をしっかり確保していなかった頃の話です。

実験中の生徒の様子をよく観察すると、教科書にある結果を見ながら、正解に合うように実験を行っていたのです。また、微生物の観察でも、顕微鏡を覗きながら、教科書の写真をスケッチしているのです。確かに、顕微鏡スケッチは生徒にとって高度なスキルです。しかし、本物を提示しているにもかかわらず、結果を求めて写してしまう。すべての生徒とは言いませんが、プロセスにおいて思考力を働かせることなく、暗記のための実験や観察になっているのはマズいという気持ちでいました。

この事態を打破し、自分の授業を見直すために、当時の研修制度を利用し、東京都教育研究員となりました。そして、今はなき東京都立教育研究所（都研）の科学研究部物理研究室の研究生になるチャンスを得たのです。当時の研究は、今のようなＩＣＴの利活用に関するテーマや包括的な授業デザインのようなものではなく、もっぱら理科では教材開発が主流でした。暗記のための実験ではない、思考力を働かせるような教材開発を中心に研究を進めることになりました。

当時、流行のキーワードは、一人一人を大切にする「学習の個性化、指導の個別化」という「個別最適な学び」に通じるようなものから、「主体的な探究活動」という、これまた現在のトレンドでもある「主体的」へと移り変わろうとしていました。

私は東京都教育研究員として、銅箔テープを使って電流回路を作成し個別化を図る物理教材を開発しました。都研の研究生時代には、暗記のための実験ではない教材開発を意識して、「一教材多展開」となるエネルギー教材と、「一課題多展開」となるものづくりを中心とした授業デザインを考えました。それが、ジェットコースターモデルと自作できる発電モデルの探究活動だったのです。

遊びから学ぶサイエンス

都研の研究生時代はWindows95が普及し始め、ようやくアナログのＯＨＰ[*1]からデジタルのパワーポイントへとプレゼンテーションの方法が変わった頃でした。そのような中、中学生の定着率の低い「エネルギー概念の構築」をテーマに、文献調査や実態調査、教材開発、研究授業を通じて、一年間、学校現場を離れて研究に没頭できたのです。「生徒がどのようにエネルギーを捉えているか」という問いの数少ない先行研究によると、「生徒はエネルギーを熱と考えている」とありました。当時からさらに十年以上前の論文なので、冒頭からこれは違うと直感し、「生徒はエネルギーを電気と捉えている」と勝手に仮説を立てました。

そこで、私は理科の教科書に掲載されているエネルギーに関する記述から50問を作成し、質問紙法（四件法）で実態調査を行いました。単純集計の結果では、やはりエネルギーを電気と考えている生徒が多かったのですが、因子分析法[*2]という統計処理の結果では、寄与率という数字が低く、熱、電気、力、光、動くものなど、単独で考えていないことや決まったカテゴリーとして捉えていないことが明らかになりました。つまり、生徒はエネルギーを曖昧にバラバラに捉えている、すなわち一定の基準で考えていないことなどが分かったのです。また、理科の教科書を読み比べると、エネルギーの単元では「仕事」「力学的エネルギー」「多様なエネルギーと日常生活」という物理の美しい系統性が示されているのですが、肝心の実験教材が面白くないと感じました。

系統性を重んじて理論が先行すると、飽きて遊びたくなるのが心情というもの。そこで遊びながら学べる教材ができないかと考え、開発したのがジェットコースターモデルです。当初、鉄球が1回転できるループコースターを目指したのですが、開発途中で生徒に自由に遊んでもらうと、三回転ループ、大ループ、Uターン、マウントなどコースをつくって遊んでいるのです。そして、それらのコースをつなぎながら、次々に新しいコースを工夫していることが分かりました。しかも、「速さが変化している」「落とす位置が高い方がうまくいく」「勢いがあると山を飛び越えてしまう」など、変換性や保存性というエネルギー用語は使わず、どうやったらうまく鉄球をレールから外すことなく走らせることができるかについて、生徒同士が勝手に語っているのです。もちろん、中3単元「運動とエネルギー」の授業よりも前の話です。さらに、飛び交う言葉も「重力」「遠心力」「位置」「速さ」「基準」「勢い」など、使い方は多少の間違いはあるものの、科学的な用語を使いながら実験していました。いや、実験というよりは遊んでいるのです。遊びの中にサイエンスを見いだしていると感じ、私は衝撃を受けました。

ジェットコースターモデルの遊び方

あらためてジェットコースターモデルについて説明すると、電気の配線モールを使ったレールに、鉄球を走らせる力学の教材のことです。最大の特徴は、レールをつなげていろいろなコースが作れるところです。まるで子どものときに遊んだ鉄道のおもちゃのようです。本物のジェットコースターのような複雑なコースを作って走らせることもできるの

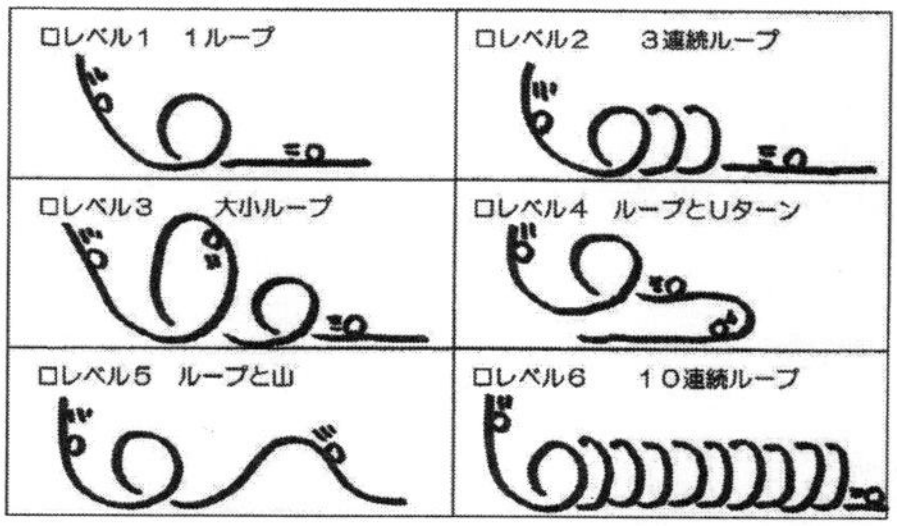

ジェットコースターモデル基本実験

で、生徒は夢中になります。

遊び方は自由ですが、基本の6実験を行ってから、次のステップに進むと本格的なコースを作ることができます。4人ぐらいのグループで、1時間の授業内にレベル1から6までを十分に学べます。なお、必要な材料や作り方、遊び方については付録資料をご覧ください（巻末に「ダウンロードの手順」を掲載しています）。

授業時間内にレベル6まで到達することはできますが、チャイムが鳴っても「あと1回！ 最高記録の17回転に挑戦したい」と実験をやめる気配がありません。遊び心に火がついたようでした。また、あるグループはより複雑なコースに挑戦したいと言って、放課後、左の写真のようなコースを勝手に作成して走らせていました。

実は、ジェットコースターモデルの評判から、ＮＨＫの科学番組「やってみようなんでも実験」に生徒と共に出演することになりました。2日間の撮影で、36回転を成功させる

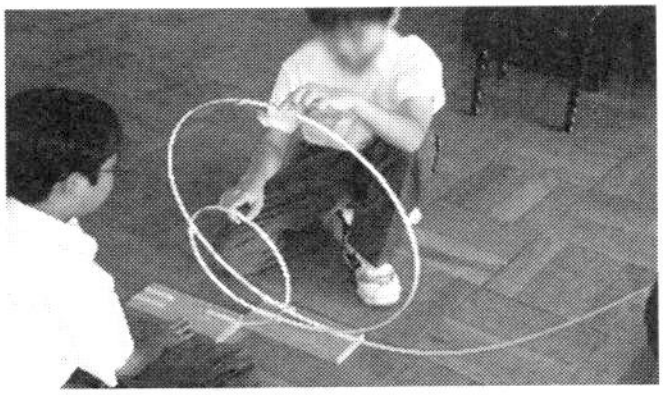

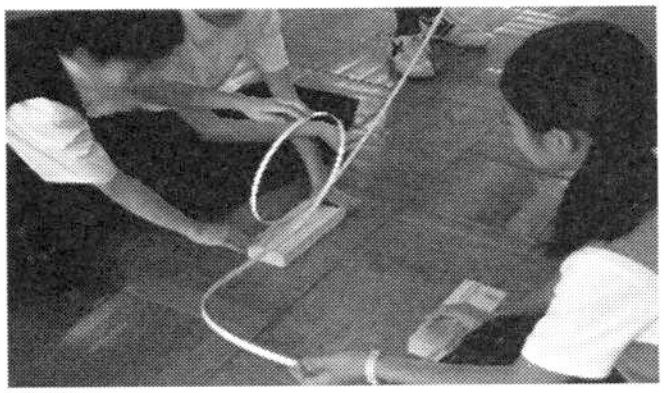

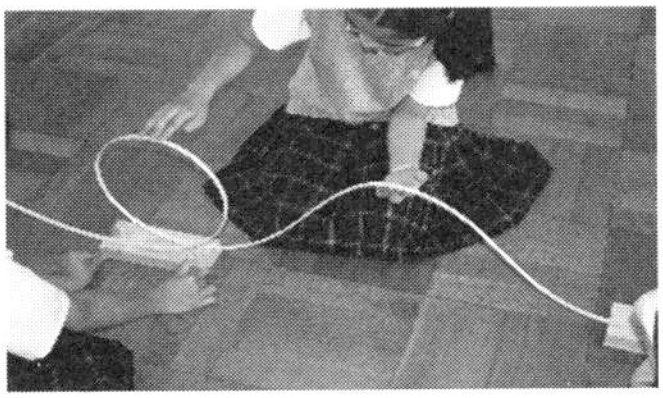

BeeSpi
TOSHIBA

モデルと大中小のループや直角カーブ、山、Uターンカーブを組み合わせて、最後はジャンプするという大がかりな実験をしました。番組は、生徒が試行錯誤しながら作り上げていく様子がよく分かるように制作されていました。

ジェットコースターモデルは、科学の祭典やサイエンスフェスタなどのイベント、理科の研修会まで、子どもから大人まで幅広く遊べます。学校では中3単元「運動とエネルギー」や高校の物理基礎「力学」の授業の前に遊んでみると、力学の基礎要素、位置エネルギー、運動エネルギー、エネルギーの移り変わり、力学的エネルギーの保存などを感覚的に学ぶことができます。授業が始まると、「ジェットコースターではこうだったな」と関連付けながら学びを深めていくことができます。もちろん、初めは単純な一回転のループコースターを想定したつもりだったのですが、生徒が勝手に遊びながら学んでいったのが、ジェットコースターモデルが発展した秘訣です。これこそ教材づくりの醍醐味でしょう。

ものづくりからの探究活動

ジェットコースターモデルでは、主に力学的なエネルギーを中心に学びます。先ほど述べたように、エネルギーの単元では「仕事」「力学的エネルギー」「多様なエネルギーと日常生活」という物理の系統的な流れが強く、私はこの枠を超えて、日常生活の中にある電気、熱、光など、様々なエネルギーから授業を始められないかと思っていました。そこで、「生徒がどのようにエネルギーを捉えているか」いう実態調査の結果から、単純集計で一番多かった電気を中心に、自作可能な発電モデルの教材開発と探究的な活動を試みました。ジェットコースターモデルは「一教材多展開」ですが、発電モデルは「一課題多展開」です。生徒が自作することで多展開できることを目指しました。その当時は、探究的な活動の授業も少なく、まして生徒が自由にモデルを作成する展開の授業は珍しかったと思います。

授業は、作成に2時間、実験に2時間、プレゼンに1時間をなんとか生み出しました。

①風力発電モデル
ペットボトルの風車を作成して、光電池モーターを取り付け、扇風機の風の強さと発電の関係を調べた。

②火力発電モデル
ペットボトルに、ゴム栓、金属管、ステンレス板で作った羽根車、光電池モーターを取り付けた。圧力釜の蒸気で発電させた。

③燃料電池自動車
電気分解で得られた水素と酸素をもとに、自作の燃料電池自動車モデルを製作した。

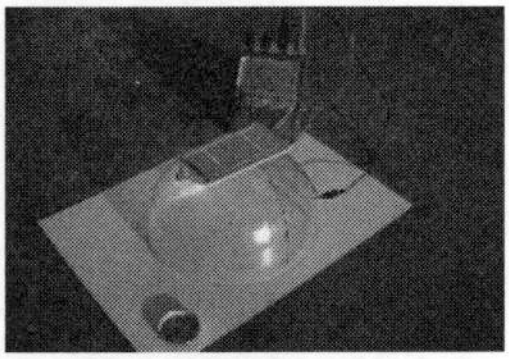

④太陽電池実験装置
透明半球に太陽電池をのせて電流・電圧の関係、天気による発電の影響などを調べた。

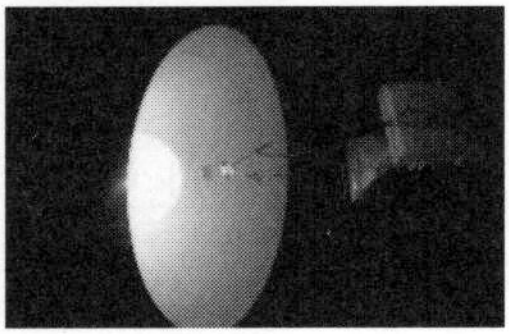

⑤高輝度発光ダイオード
発光ダイオードに光を当て、電流が流れる光電効果についての性能を調べた。

いろいろな発電モデルの実験装置

中３の受験期にもかかわらず、生徒は理科の授業というよりは、文化祭のようなノリで楽しく取り組んでいました。むしろ、生徒は受験勉強の息抜きの一つと考えていたようです。私が準備したのはペットボトルで作成した風力発電の風車と、火力発電の羽根車だけでした。あとは理科室にあるものと、自宅から持ってきていいものを相談しながら進めました。

写真は、自作した実験装置の一部です。生徒は思いもよらない様々なアイディアを生み出しました。どれだけ高い電力が得られるかを競って、実験装置の改良を繰り返す中で、エネルギー効率について考え、たった数ボルトの向上を目指す姿が見られました。生徒からは「電気を作るのは大変だ」「節電を心がけたい」という感想が多く聞かれました。

この授業の最後はポスターセッションでした。グループの発表の多くは、自作した実験装置の説明や実験の結果や考察をまとめたものでしたが、資源・エネルギー・環境と関連付けて、実生活や地域社会に言及するものもありました。

私にとって、ジェットコースターモデルと発電モデルによる探究活動は、レシピ型の実験から脱却するきっかけになったのでした。

大学生も遊びからサイエンス

もちろんすべての授業を探究型で行っていたわけではありません。黒板を使った座学や教科書にある優れた実験などを通して基礎基本を学びながら、必要に応じて「遊びと探究」を取り入れていたのです。そのスタイルは、大学の理科教育法という授業でも同じです。

たとえば、中学校の物理領域の学習内容では、エコーのように何度も音が跳ね返って往復する「バネ電話」（中1「音の世界」）、銅線でつくったアート作品が突然回り出す「単極モーター」（中2「電流と磁界」）、重心と垂直抗力の2力がつり合う「斜めに立つコーラ缶」（中3「運動とエネルギー」）をはじめ、様々な領域で大学生と遊んでいます。

これらは、ものづくりの得意な教師なら誰でも知っている定番の面白実験ですが、今ではYouTubeで検索すればすぐに見つかり、授業に取り入れることができます。しかし、学生は初めて経験するものばかり、入試学力で堅くなった頭を柔らかくする効果は抜群です。先ほど紹介したジェットコースターモデルも学生に大人気で、「中学生の最長記録は連続17回ループだよ」と煽ると、終了のチャイムが鳴っても「あと1回！」と挑戦を続けようとするのです。

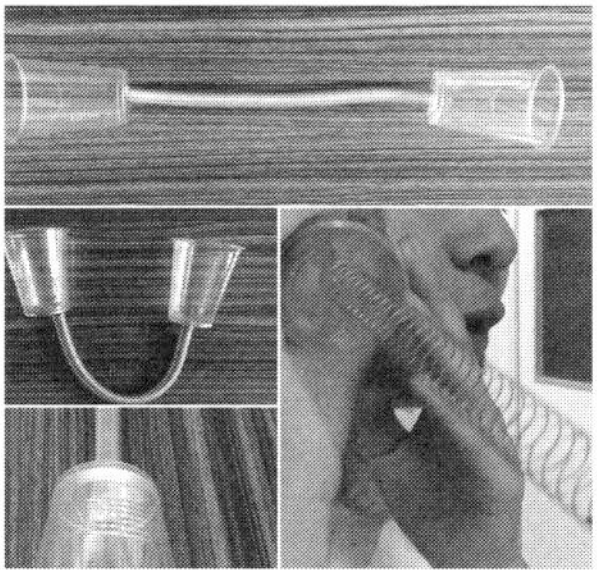

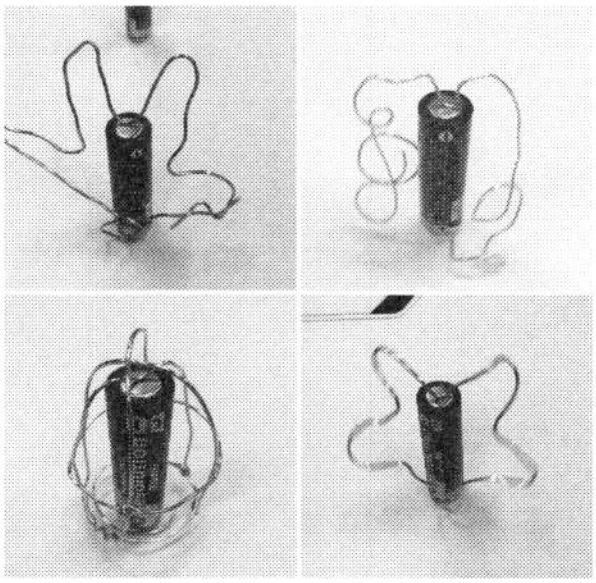

また、運動エネルギーと遊ぶ「ボーリングゲーム」（中３「運動とエネルギー」）では、ペットボトルのキャップと簡易速度計を使って、速さと破壊力の関係を調べる実験を行いました。次ページの写真のように、紙粘土で重くしたキャップを指で弾いて、ピンに見立てた10個のキャップの動いた数を調べます。

その際、弾いたキャップの速さを簡易速度計（ビース・ピ）で測ります。つまり、弾いたキャップの速さと弾き飛ばされたキャップの数の関係を調べることになります。中学校では中3単元「運動とエネルギー」の終了後にボーリングゲームを行い、この実験の目的を考えさせます。生徒からは、「ボーリングゲームで遊ぼう」や「キャップの弾かれた数と速さの関係を調べる」などの意見が出ます。グラフ化した結果をもとに、こんなやりと

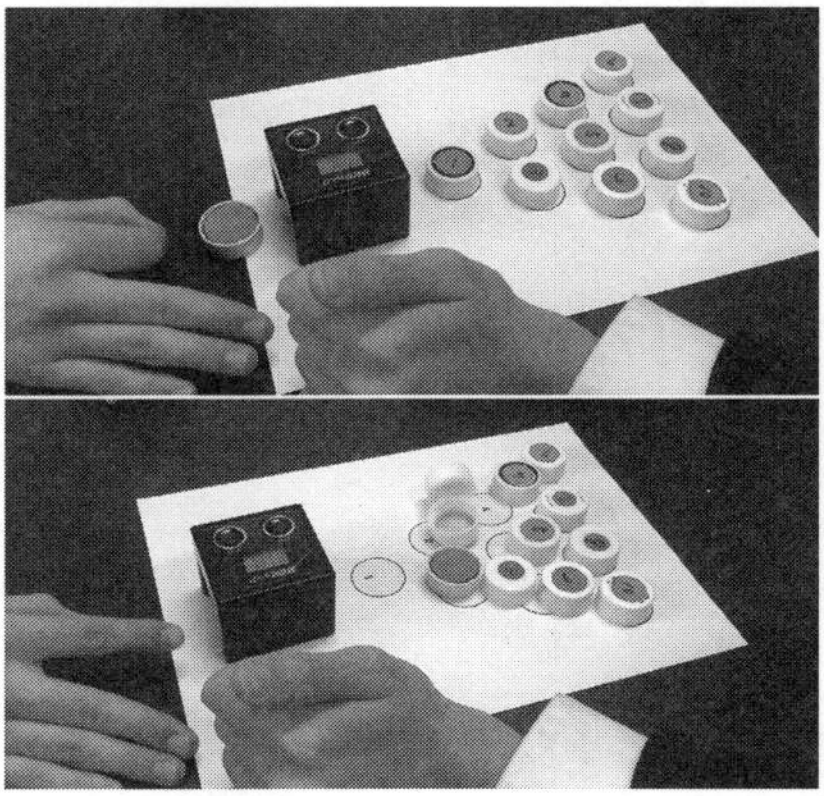

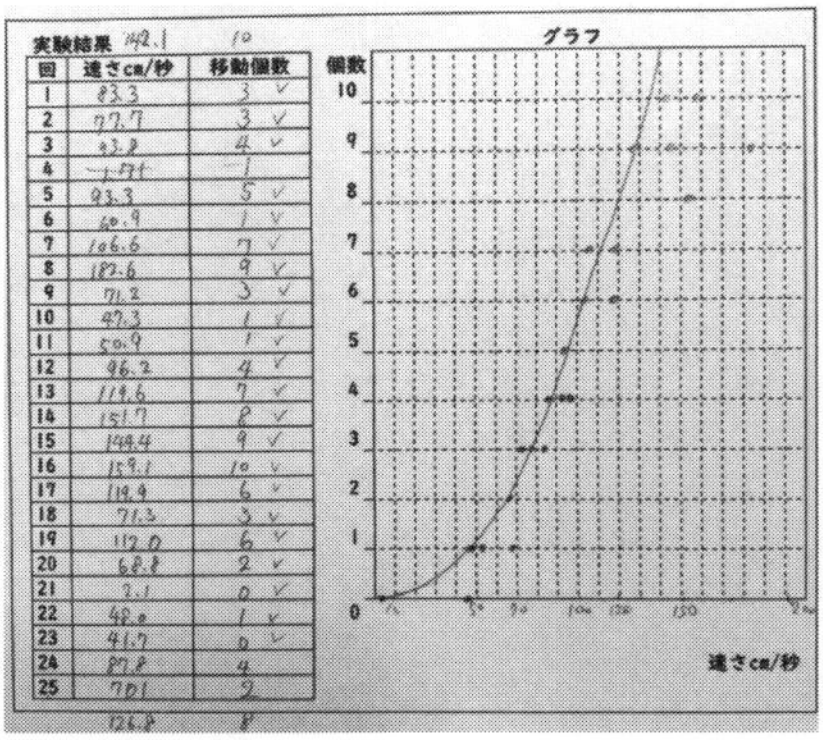

実験結果 142.1 10

回	速さcm/秒	移動個数
1	83.3	3
2	77.7	3
3	83.8	4
4	[illegible]	1
5	93.3	5
6	60.9	1
7	106.6	7
8	183.6	9
9	71.2	3
10	47.3	1
11	50.9	1
12	96.2	4
13	119.6	7
14	151.7	8
15	149.4	9
16	159.1	10
17	119.4	6
18	71.3	3
19	117.0	6
20	68.8	2
21	7.1	0
22	48.0	1
23	41.7	0
24	87.8	4
25	70.1	2
	126.8	8

りが生まれました。

生徒Ａ「グラフ化すると直線には見えないな」

生徒Ｂ「もしかして二次関数？」

生徒Ｃ「つまり速さの２乗に比例するってことか」

生徒Ｄ「運動エネルギーだ」

ここで初めて、この実験の目的が運動エネルギーだと気付くのでした。学習内容がまさか遊びの中で再現されていたとは、生徒はびっくりです。二次関数は中３の数学で学んでいるので、学びのつながりも実感できます。

通常、理科では実験の目的を明確にして行いますが、遊びから目的を考えるのもありかなと思います。当然、大学生はボーリングゲームが運動エネルギーの実験であると気付きます。しかし、こんな簡単な材料で二次関数が得られることに、やはりびっくりするのです。

＊1　ＯＨＰ…オーバーヘッドプロジェクタの略語。文字を含む画像などを透明なＯＨＰシートに投影させるシステムで、パソコンが登場する以前のプレゼン用視聴覚機器の一つ。

＊2　因子分析法…複数の要素（各変数）に共通する因子を探す分析方法である。本研究ではエネルギーの電気、熱、光、音、運動、力学などの共通因子から、データの背後にある構造をつかみ、生徒がどのようにエネルギーを捉えているかを探った。その結果、得られた各因子が全体に対して関与している割合（寄与率）が低いため、エネルギーを決まった概念として捉えていないことが明らかになった。

第3章

ぶっ飛んだ内容で書きます

―教科書や学会誌の編集委員として―

教科書や学会誌の編集に長年関わってきました。「辻本先生らしさを出してください」と求められたからこそ、既成の考えにとらわれず、新しいアイディアを次々出すことができました。本章では、何回も書き直した教科書のフロントページ、探究活動を可視化した紙面、東日本大震災やダイヤモンドランキングなどの特集企画、大学生もハマった「サイエンスマジック」のエピソードなどを紹介します。

23回書き直した教科書の執筆

都研の研究生としての任期が終了した後、研究の成果をまとめる意味で、ある懸賞論文に応募しました。研究生の修了に必要なものは、たった一枚の研究要旨だけだったため、多くの研究生たちは研究冊子を自費で作成し、お世話になった先生方や関係機関に配付するのが慣例でした。しかし、私はそのようなことはせず、代わりに懸賞論文に応募したのです。入選すれば論文集に掲載されるだろうという甘い考えを巡らせ、根拠のない自信から行動に移しました。その結果、佳作に入選。思惑通り、立派な研究冊子に掲載されることになりました。授賞式のレセプションで、著名な教育者である審査員の先生から、次のような講評をいただきました。

「研究の内容は面白いが、論文をもっと整理するとよい」

それに対して、「論文をうまく書ける現場教師なんかいるのか」と心の中で開き直ったのですが、実際、読み返してみるとかなりひどい文章で恥ずかしい限りです。

都研時代に理系の研究生たちが学習会を企画したことがあり、理科教育における構成主義学習論[*1]の翻訳本を執筆したお二人の先生方をお招きしました。その一人が生涯の恩師となる、堀哲夫先生（山梨大学名誉教授）だったのです。この話は第5章で詳しく紹介しますが、堀先生とは、教科書や学会誌の編集の仕事をご一緒させてもらうことになるのです。

懸賞論文の受賞をきっかけに、教科書会社の教材開発委員になり、その後、教科書の編集委員に選ばれました。

ちょうど、ゆとり教育がスタートし、学習指導要領の改訂で内容も時数も大幅に削られ、教科書が全面改訂になる時期でした。化学領域で言うと、中3単元「イオンと化学変化」が高校へ移行し、中2の元素の周期表が掲載できなくなり、中1の水溶液から始まる系統性を重視した化学領域が、身の回りの物質を中心とした構成に大きく変わった時期でもありました。私の所属した化学領域の編集委員会の中には、大学の教科書でおなじみの分析化学の著名な先生をはじめ、錚々たる大物研究者がいました。中学校教師は私だけでした。選出された理由を教科書会社の一人に聞いてみると、「学校公開のとき、辻本先生の授業が一番面白かったから」と教えてくれたのです。「授業が面白い」という理由は正直うれしかったのですが、やっていけるのかという不安もありました。

編集委員会では激しい議論の応酬でしたが、方向性が決まると一気に進みました。具体的な授業の議論では、「辻本先生はどうですか?」とお鉢が回ってくると、私が自信をもって「学校現場では○○です」と答え、全員が納得するという展開で次々と決定していきました。それは理論に先立つ実践として、とても心地よい思いでした。

しばらくして、教科書のグランドデザインが示され、執筆分担を決める会議の際、ありえない決定がなされたのです。それは、私が中1単元「身のまわりの物質とその性質」の前半をすべて担当するという内容でした。教科書作成の根拠となる学習指導要領の全面改訂の本丸が、この単元だったのです。全く白紙の状態からのスタート単元を新人の自分に任せるという挑戦的な決断に対し、さすがに「できない」とは言えません。頼りは学習指導要領のみ。隅から隅までじっくり読み込み、学習指導要領通りの展開で、第1回目の原稿案を編集会議に持ち込みました。

その結果は、

「面白くない」

編集委員の全員からダメ出しを受けたのです。「学習指導要領の趣旨は生かしているが、探究的なストーリーになっていない」というのが、その理由でした。

授業が面白かったと言ってくれた教科書会社の編集部員から、「辻本先生らしさを出してください」と励まされた私は腹をくくり、こう答えたのです。

「次はぶっ飛んだ内容で書いてきます」

これが、23回書き直した原稿の始まりでした。

私は無意識のうちに学習指導要領の系統性から離れ、生徒が学ぶための視点は何かを考え始めました。当時、中1の理科の学ぶ順番が化学、物理の順に決まっていたので、生徒にどのような物質観をもたせるのかというアイディアを熟考しました。その結果、「環境という視点から、ものを区別し、物質の本質に迫る」という物語を考えたのです。

さらに、単元のフロントページには全体を概観できるマップを配置して、単元の見通しとともに、いつでも振り返りができる仕掛けをつくりました。これまでの系統性一直線だった教科書から、フロントページと学習中のページを行ったり来たりできる往還型の学びを構築する教科書を目指したのです。

フロントページは見開きで、身の回りの生活用品の写真を全面に配置しました。ものには「物体と物質」という見方があること、ゴミの分別やリサイクルなどを入れつつ、金属と非金属の区別、金属同士の区別、砂糖や食塩の区別、酸素と二酸化炭素の区別などを提示し、「さあどうやって区別しますか」と問いかけました。単元を概観できる問いを設定したのです。

次のページでは、物質の調べ方をイラストで紹介、化学ではよく言われていた「火攻め、水攻め、薬品攻め、電気攻め」などを「観察する」「質量と体積を量る」「加熱する」「水に溶かす」「薬品で調べる」「電気で調べる」と整理し、物質を調べるための基本6項目として取り上げました。フロントページに書かれた問いの解決を促すものとして、物質を区別することを通して、物質の本質に迫ろうとしたのです。

このアイディアのヒントになったのが、中1単元「植物の世界」の最初に登場する春の野外観察のページでした。このページは春の植物の観察を通じて、これから学ぶ植物の分類や花のつくり、葉、茎、根の役割について概観できるものでした。この学び方を、化学の「身のまわりの物質とその性質」に活用したのです。

単元全体を通して「環境」という視点をもちながら、電気が流れるかどうかで区別する「謎の金属と非金属」、密度で区別する「謎のいろいろな金属」、見た目が似ている物質を区別する「謎の白色粉末」、目に見えない物質を区別する「謎の目に見えない気体」とい

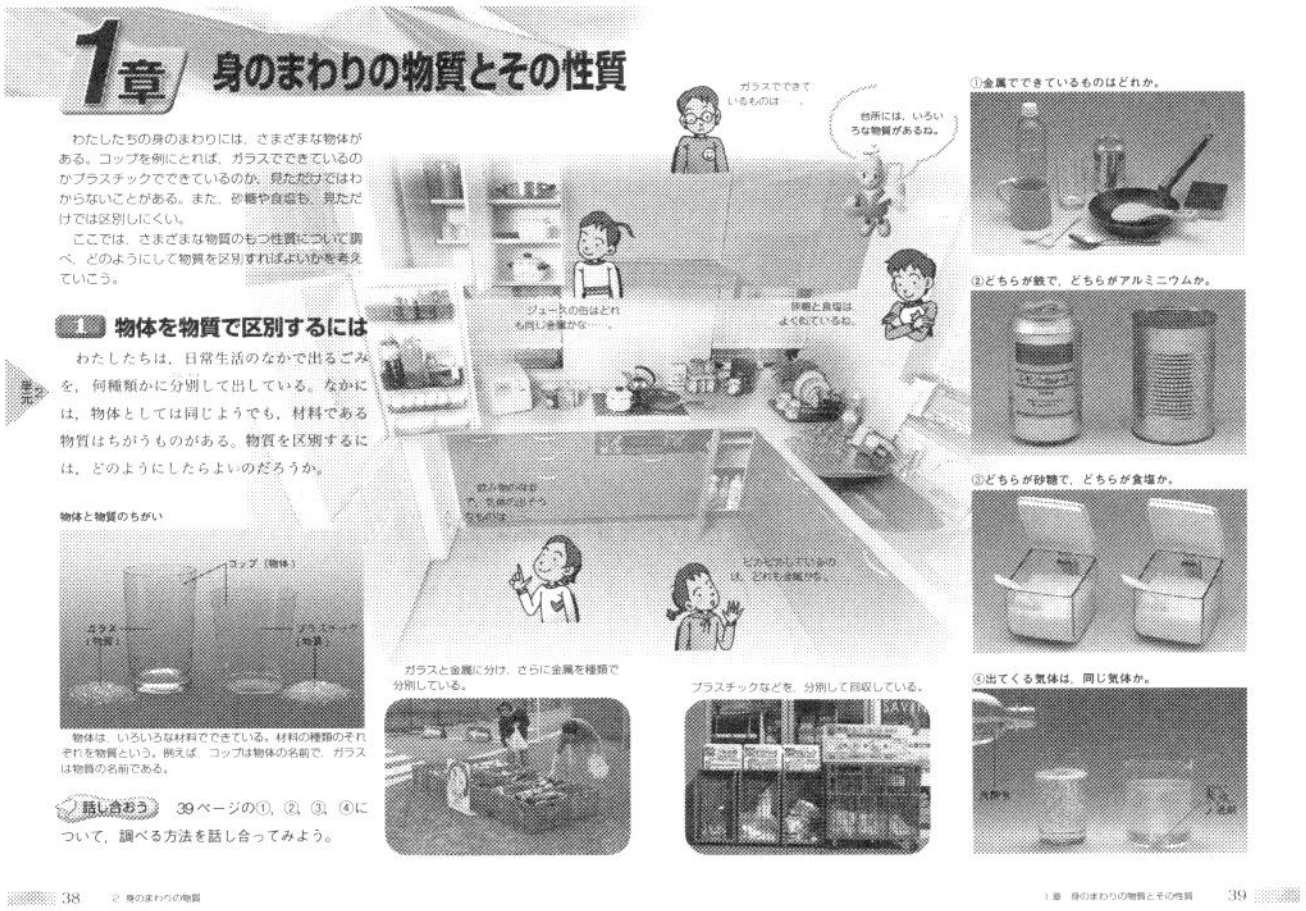

1章 身のまわりの物質とその性質

わたしたちの身のまわりには，さまざまな物体がある。コップを例にとれば，ガラスでできているのかプラスチックでできているのか，見ただけではわからないことがある。また，砂糖や食塩も，見ただけでは区別しにくい。

ここでは，さまざまな物質のもつ性質について調べ，どのようにして物質を区別すればよいかを考えていこう。

1 物体を物質で区別するには

わたしたちは，日常生活のなかで出るごみを，何種類かに分別して出している。なかには，物体としては同じようでも，材料である物質はちがうものがある。物質を区別するには，どのようにしたらよいのだろうか。

物体と物質のちがい

物体は，いろいろな材料でできている。材料の種類のそれぞれを物質という。例えば，コップは物体の名前で，ガラスは物質の名前である。

話し合おう　39ページの①，②，③，④について，調べる方法を話し合ってみよう。

38　2 身のまわりの物質

1章 身のまわりの物質とその性質　39

東京書籍 平成 14 年度版『新しい科学 1 分野上』
（画像提供：東京書籍）

うワクワク感溢れる物語が展開していく教科書です。さて、この提案はどう受け取られたのでしょうか？

「なんだこりゃ」

これが、編集委員の反応でした。当時としては、ぶっ飛んだ内容です。無理もありません。

その後、批判的でポジティブな議論の末、大小合わせて23回の書き直し。どんどんよくなっていき、今までとは違う教科書が出来上がっていきました。

最終的に、最初のぶっ飛んだ内容の多くは消えていきましたが、フロントページに描いた物質を区別していく物語、ワクワク感の精神は残ったのでした。このフロントページは教科書の目玉となり、宣伝用のリーフレットの巻頭にも掲載されました。

そして、このフロントページの構成を誰よりも高く評価してくださったのが、堀先生だったのです。このアイディアをきっかけに、二十数年にわたって教科書の執筆に関わることになりました。

この経験は私にとって、系統性という従来の枠組を超える挑戦でした。時にはバトルを繰り広げながら、他者と議論を重ねていくことで新しいものを生み出したのです。教科書という媒体で、私の主体性が発揮された最初の場面でした。

探究的な活動の紙面化に挑戦

教科書の編集委員として、初期の頃から工夫を凝らしたのが、探究的な活動を教科書に可視化することでした。たとえば、先ほど触れた「謎の白色粉末」は、白砂糖、デンプン、食塩、グラニュー糖を謎の粉末と見立て、判断するという探究です。手で触りながら予想を行い、それらを区別する実験方法を考えるというもので、実験方法は先ほどの基本6項目から考えることができるという仕掛けです。生徒たちは予想を行い、計画や方法、実験装置や器具を考え、得られた結果から白色粉末の同定を行います。多くの生徒は「水に溶かしてみる」「熱を加える」という実験方法を考えますが、中には、こんな生徒もいます。

生徒「先生、氷と温度計を貸してくれますか？」

私「何に使うの？」

生徒「白色粉末を氷にかけて温度が下がったら食塩だと思うので」

おそらく小学校のとき、氷に食塩をかけて、たこ糸で氷釣りをした遊びを思い出したのだと思います。氷と食塩の組み合わせで温度が下がることを遊びの中で学んだのでしょう。正確には、食塩が水に溶ける溶解熱と、氷が融けて水になるときの融解熱によって、まわりから熱を奪うことで温度が下がります。この生徒は、過去の経験を活かした実験計画を立てたのです。

中学校では残念ながら溶解熱は学びませんが、状態変化で融解熱に触れることができます。私は「氷と食塩で温度が下がる」という少し難しい現象を平気で教えていました。生徒の知的好奇心は、教科書の内容を超えるということを知っていたからです。
また、ある生徒はこんなことを言ってきました。
生徒「先生、電気が流れるかどうか調べてみたい」
私「どうしてそう思ったの?」
生徒「炭電池を作ったとき、食塩水を使ったから、もしかしてと思って」
なるほど、小学校のときの科学クラブの経験を活かした発想でした。中3の電解質の実験で使用する実験器具を貸し出して、食塩水だけが電流が流れることを見いだしました。
さらにある生徒は、こんなことを頼んできました。
生徒「ヨウ素溶液を貸してくれませんか?」
私「薬品を使って判断するんだね。どうして分かったの?」
生徒「焼き芋のようなにおいがしたから」
加熱実験中のにおいから、デンプンではないかと考え、小学校の時のヨウ素デンプン反応を思い出して、追加実験を考えたのでした。
まさに探究的な活動です。これらを教科書の紙面に表現したいと考えたのです。

学会誌『理科の教育』の特集

教科書の編集に携わるようになってから数年後、堀先生が一般社団法人日本理科教育学会の月刊誌『理科の教育』の編集長となり、私に声をかけてくださいました。

堀先生「年に2回ほど特集の案を出してくれればいいから」

私「学会では一度も貢献したことがないんですけど」

堀先生「教科書のようにぶっ飛んだ企画をお願いしたい」

私は喜んで承知しました。

学会誌の編集委員会は、理科の小中高の先生や管理職、大学研究者で構成され、毎月の特集を企画し、執筆者を決定することが主な仕事でした。

堀先生は「学会誌は自由闊達な議論のもとで作成されるべき」というスローガンを掲げ、「研究者も実践者も垣根を越え、文科省も教育委員会も学校現場も一緒になってつくっていくこと、ボトムアップで世に問うものにしていきましょう」と力強くお話しされました。

毎月、特集の趣意文が編集会議に持ち込まれ、多くの議論を経て練り上げられていきました。その趣意文をもとに執筆者が選定され、さらには学会誌の巻頭に掲載されるという流れが定着していきました。これを確立したのが堀先生だったのです。

趣意文の検討は、小学校、中学校、高等学校のつながりや大学の教員養成まで、理科教育の在り方を考えるきっかけになりました。それぞれの立場からの主張が、きわめて緩やかに反応し合いながら、面白い議論を巻き起こしていったのです。たとえば、特集「小学校の担任理科と専任理科」では、「普段の生活を知っている担任が理科を教えるべきだ」という意見に対して、「少なくとも高学年では専門性をもった教師の方が、興味を持たせ理解を深めることができる」といった意見がありました。議論は白熱し、互いの主張を共感し合えるレベルまで引き上がっていったのです。私は、その議論の中で「読者である現場教師の目線」から、有効な企画なのかを判断することに徹していました。

小中高の校種を超えた議論は、教科書の編集では経験したことのないものばかりでした。教科書では中学校理科という広く深い学びの横軸があるのに対して、学会誌では小中高の理科教育という時系列の学びの縦軸を捉えることができます。これが、大学で理科教育を教える上での大きなスキルとなりました。

編集会議の方針は堀先生以降、歴代の編集長に踏襲され、十数年間、様々な特集を生み、世に問うてきました。

私が企画した特集の中でも、とりわけ印象深いのは「東日本大震災から学ぶ」（２０１２年3月号）です。

この特集は、「教師は東日本大震災から何を学び、何を伝えなければならないのだろうか」と考えたことから生まれました。特に、原発事故の影響で疎開をした先で、「放射能がうつる」「福島に帰れ」と言われた子どもたちの存在でした。その報道が事実なら、教育に携わるものとして憂慮すべき事態であると考えました。私の勤めていた学校では疎開生徒はいませんでしたが、福島出身の生徒が「疎開した友人がいじめられた」と教えてくれました。不正確な情報や不十分な理解は、不安を一層助長させる原因ともなりかねません。

理科の教師として、風評に惑わされることなく、正確な知識を習得させ、科学的な根拠に基づく意志決定や判断能力を育成することが必要なのではないかと考えたのです。

この特集では、初めに福島の先生方と座談会を行い、震災直後やその後の子どもたちの様子、理科教師として何に取り組んだかなどのお話を伺いました。次に、研究者や民間の立場から、あらためて理科教育に今求められる「力」とは何かについての論考、最後に被災地で教育実践をされている先生方からの報告や提案を掲載しました。

私の数ある企画の中で、一番インパクトのある特集になっていたと思います。被災された学校現場の苦悩と、復興に向けた理科教育のこれからを語る特集は反響を呼びました。そして、私自身はこの企画を通して、「理科をなぜ学ぶのか」という考え方が少し変容していったのです。この詳細は、第7章で述べたいと思います。

また、「学習指導要領と授業改善―ダイヤモンドランキングから俯瞰して見る―」（2021年10月号）も思い入れのある特集です。学習指導要領の趣旨を捉えた授業をつくるには、次の図のようなキーワードと関連させ、俯瞰しながらデザインすることも大切であると考え、この特集を企画しました。先生方が学習指導要領のキーワード一つ一つに埋没し、全体像が見えなくなってしまうのではないかという心配があったからです。実際、多くの学校の校内研修でも、学習指導要領のキーワードを切り取り、テーマにしていました。キーワードを自分の中で一旦落とし込んで、全体から整理することが必要なのではないかと考え、ランキングを思いついたのです。そこで、先生方に、図のキーワードを使って実際にダイヤモンドランキングを行ってもらい、何を大切にして、どのように関連

学習指導要領キーワード・ダイヤモンドランキング

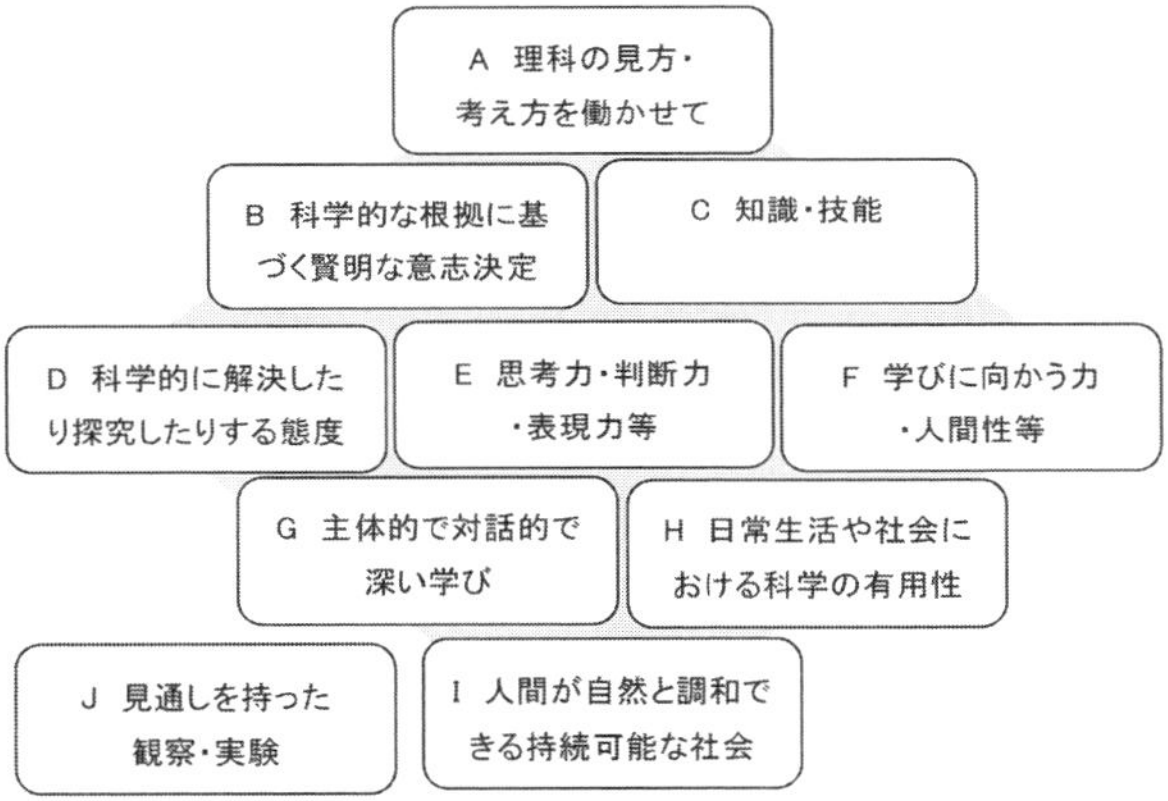

させながら授業改善を図ってきたか、また、何が困難だったかなど、授業実践を通して語っていただきました。

その結果、執筆された小中高12名の先生方が、異なるランキングで授業デザインをしていたことが分かったのです。中には「ダイヤモンドランキングに整理することで、自分の強みと弱みが明らかになった」「あえて逆向きのランキングをもとに授業デザインをすれば授業の幅が生まれるのではないだろうか」「唯一の正解がないからこそ、授業デザインは面白い」という自身の授業観を問うような記述もありました。

大学の授業でも、「学校現場の実践事例を学ぶ」という趣旨で、同様のダイヤモンドランキングを行い、特集に掲載された論文を読み込みました。そして、関心のある３つの実践を選び、その理由と「共通と差異」を議論しました。学生の中には、先ほど紹介した「逆向きのランキングをもとに授業デザイン」という一文を見逃さず、この柔軟な発想が大切なのだと学んでいる様子も見られました。

この他にも、全員女性の執筆陣による「理科好きな女子を育てたい」、持続可能な社会を目指す「ＳＤＧｓのすすめ―理科が社会と向き合うために―」などは、反響が大きかった特集です。

大学生もハマるサイエンスマジック

学会誌『理科の教育』の誌面は、特集と連載で構成されています。

私が執筆していた連載「先生はサイエンスマジシャン」は、授業に役立つミニ実験をたった１ページで紹介するコーナーで、いつも終盤に掲載されていました。そのため、「学会誌を後ろから読ませる」と言われ、人気を博しました。数年間の休載を経て、大学に移ってから2年目の頃に、「先生はサイエンスマジシャンNEXT」として復活しました。この連載の特徴は何と言っても、学会誌に4コマ漫画を取り入れたところです。

私たちの世代は「教材作りこそ理科教師の使命」と言われ、常に面白い実験教材の開発を行ってきたものです。連載で紹介したサイエンスマジックは、物理や化学を中心に、現場で実践し、人気が高かったものを選びました。中には、生物の不思議な現象や生き残り戦略も取り上げました。たとえば、「右左右左と言うことをきくダンゴムシ」では、障害物を避けながら右左右左に移動する交替性転向反応を、「17年ゼミはなぜ素数なのか」では周期的に大量発生するという不思議な生態と素数の関係を、「ミジンコ解体新書」ではミジンコがメスしかいないことや、単為生殖で仲間を増やすが環境が悪化するとメスがオス化して有性生殖するようになり、異なる形質を作ることなどを紹介しました。また、「新聞紙タワー」は、新聞紙を1部使ってタワーを作り、高さを競うゲームです。これは、未知の問題にどのように取り組むかという問題解決型のサイエンスマジックでした。

こういったサイエンスマジックに、大学生がハマったのです。

理工学部の学生は物理を得意とする一方で生物は全く知らなかったり、反対に生命科学部の学生は生物や化学を得意とする一方で物理が苦手だったりするケースが多いです。高

連載●第1回

辻本　昭彦

ロウソク！　どっちが先に消える？

－授業に役立つサイエンスマジック／燃焼・気体の性質－

リニューアルした「先生はサイエンスマジシャン NEXT」の第１弾は，長さの違う２本のロウソクを使ったマジックです。火のついた２本のロウソクに，ビーカーを被せて空気を遮断します。さあ，どっちが先に消えるでしょう？　子どもたちの予想や意見が分かれ，考える面白さが伝わるサイエンスマジックです。

マジックからサイエンス

長短２本のロウソクを紙粘土やステンレス皿に立てて，火をつけてからビーカーを被せます。当然，密閉状態で酸素が失われ，ロウソクの炎は消えます。子どもたちには炎の様子を予想させ，その理由を考えさせます。予想をＡ長い方が先に消える，Ｂ短い方が先に消える，Ｃ同時に消えると設定すると意見が分かれます。「酸素は上の方からはやくなくなるから」「発生した二酸化炭素は下の方に流れるから」「空気中の酸素は均一だから」など，どれも科学的根拠に近い意見が出ます。

多くの人が「酸素より二酸化炭素の方が重たい」という意見で，予想Ｂと考えがちです。しかし，結果は図１の通り，予想Ａの長い方のロウソクの炎が先に消えます。このマジックのポイントはズバリ「熱」です。燃焼による二酸化炭素（900℃）は，高温で大きな体積膨張が起こり，密度が常温の酸素（20℃）よりも軽くなり，熱対流が起こります。その結果，二酸化炭素は上に，酸素は下にいくため，長いロウソクの方が先に二酸化炭素に囲まれて炎が消えるのです。気体の密度は，温度によって変化することを学べますね。

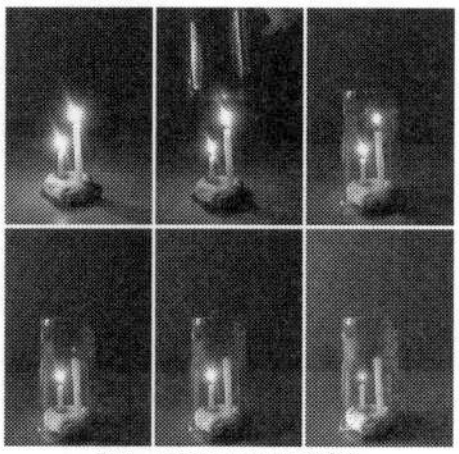

図１　長短のロウソクの燃焼

サイエンスマジックを授業に役立てる

小６「燃焼の仕組み」や中１「気体の性質」，中２「化学変化と熱」で，基礎基本を学習した後に，予想や理由を考えると効果的です。また，高校化学「物質の状態と平衡」のシャルル・ボイルの法則を使って説明することができます。さらに，解説の後「避難訓練でなぜ低く姿勢を取るのか」の問いに対して「火災のときは酸素が下へ流れてくるから」と答えてくれればバッチリです。

参考文献

川角博『考えるカラス』NHK出版，2014.

つじもと　あきひこ（法政大学生命科学部准教授）

校のときの履修状況も影響していると思いますが、私が授業で繰り広げる誰でも簡単にできるサイエンスマジックに興味津々でした。

たとえば、「先生はサイエンスマジシャンＮＥＸＴ」の初回にも登場した、長いロウソクと短いロウソクに火を付けて、ビーカーを上から被せたらどうなるかの三択問題では、理系大学生でも意見が分かれるのです。

Ａ「長い方が先に消える」

Ｂ「短い方が先に消える」

Ｃ「ほぼ同時に消える」

実際にやってみると、圧倒的な速さで長い方が先に消えます。学生たちは、その理由を考えました。

学生Ａ「酸素が早くなくなる方が先に消えるはずだ」

学生Ｂ「発生した二酸化炭素の方が重いはずだから酸素は上の方にいく」

学生Ｃ「ビーカーの内部が熱い。発生した二酸化炭素は常温ではないのでは？」

学生Ｄ「避難訓練だ」

一同は唖然とします。そして、「煙の中では屈んで移動するから酸素は下だ」という議論が展開され、正解のAにたどり着きました。常温では、二酸化炭素は酸素より重い（約1.5倍）ため下の方にたまります。これは中1「気体の性質」で学びます。しかし、ロウソクの燃焼によって発生した二酸化炭素は、かなりの高温になります。そのため、熱エネルギーによって運動が激しく上の方に集まり、常温の酸素は下の方に移動します。その結果、ロウソクは長い方が先に消えてしまうのです。私は避難訓練を持ち出して説明した学生を褒めまくりました。普段、理系の専門科目に四苦八苦している学生に、日常生活に潜むサイエンスの不思議を問うているからです。ちなみに一応、高校化学で学ぶボイル・シャルルの法則を用いて説明はしました。

授業では、サイエンスマジックを短時間の導入やコーヒーブレイクに使いますが、その効果は抜群です。第2章の「大学生も遊びからサイエンス」の節で紹介しましたが、前期の授業では、私が提供したサイエンスマジックを実践し、原理を探るようにしました。

＊1　**構成主義学習論**…知識や考え方を受動的に受け入れるのではなく、主体的に現実や意味を構成して認識していくという立場の学習論。

第4章

好きなことをやれ　面白いことをやれ

―都内最大最強の科学部と大学の自主ゼミ―

「都内最大最強」の科学部のスローガンは「好きなことをやれ　面白いことをやれ」。多くの失敗を経験し、この理念にたどり着いたのは、意外にも二人のノーベル賞受賞者との対話からでした。その精神は大学の自主ゼミ雑談会に引き継がれます。本章では、生徒や学生から教えを請うことによって、多くのアイディアが生まれたエピソードを紹介します。

謎の理屈と「子どものために」という大義名分

新卒以来、ずっと運動部の顧問をしてきました。土日関係なく練習や試合に明け暮れる日々が続きました。それでも、科学部をどうしても指導したいという気持ちがあり、最後の学校では10年間近く科学部の顧問をしていました。その頃の話です。

理科の教師として、もっとも主体的な活動ができるのが科学部だと思っていました。しかし、そもそも中学校の科学部ってどんな位置付けなのだろうか。少し探ってみたくなりました。皆さんの周辺の公立中学校には科学部があるのでしょうか。活気ある運動部、吹奏楽部や美術部などの華やかな文化部の活動が熱心に行われています。

今でこそ部活が教育課程外の活動で、顧問の持ち手がなく、存続の危機も叫ばれていますが、その当時も部活動の在り方についての議論が盛んに言われていました。しかし、教育課程外だが有効な教育活動であるという「謎の理屈」でここまできていることは、皆さんが承知のところであります。熱心に取り組んでいる教師と仕方なく顧問をしている教師と、二極化していながらも有効な手立てがないままです。すべては「子どものために」という大義名分のために。

自戒を込めて「やりすぎた」と反省する日々ですが、新卒以来、校内暴力や家庭崩壊などの課題に、部活動の指導が有効に機能していたことも事実です。それもあって、最後の学校では好きな科学を思う存分に指導しようと思い、科学部を創設したのでした。部活動が縮小される中、他の部活動の副顧問を条件に新規部活を立ち上げたのです。

さて、中学校科学部の現状はどうでしょうか。最新のデータが見つかりませんが、科学技術振興機構の調査（２０１３）によると、科学部を設置している中学校は平成20年度で33・1％、平成24年で24・7％でした。当然、現在の状況ではさらに下降傾向であることは、容易に想像できると思います。また、設置にあたっての障害として、「顧問の不足」（68・7％）「集まる生徒の不足」（44・0％）「運動部と兼部できない」（24・7％）などが挙げられています。科学立国を目指す我が国としては、かなり深刻な状況でしょう。

その当時、中学校の約2割しか科学部が存在しない理由に、理科教師しか指導ができないという事情がありました。ボランティアや外部指導員を導入しても、やはり顧問は理科の教師なのです。しかし、学校の事情や運動部への入部希望者が多いことなどから、理科教師が運動部を持たされるケースがほとんどです。「ブラック部活動」は、勤務時間の問題や曖昧な教育課程の位置付けなど、働き方改革の本丸として指摘されているのです。

好きなことをやれ　面白いことをやれ

このような現状の中、私が顧問をしていた武蔵野市の中学校の科学部はどんな様子だったでしょうか。

初年度は1、2年生を中心に、5名の生徒が入部してくれました。2年目になると10名、それ以降は毎年部員数が増え、9年目には最大49名までに膨らみました。小規模校にもかかわらず、運動部を抜いて校内最大の部員数を誇り、東京都の中でも最も規模の大きな科学部になっていました。

しかし、すべての部員が理科好きで入部してきたわけではありません。他に入る部活がない、地域のスポーツクラブに所属していて放課後の時間を埋めるために入部した、などの動機もありました。とは言え、こんなにも多くの生徒が科学部に入部したのはなぜでしょうか。その理由は、「好きなことをやれ　面白いことをやれ」という科学部の指導方針にありました。

発足2年目のことです。部員数が増えてきたのを機に、大学のゼミのように、自由研究を中心に活動を進めることにしました。しかし、生徒自らテーマを見つけることが徐々に難しくなり、部活に参加しなくなる生徒も現れました。部活が授業の延長のようになり、「やらされ感」が強くなるとともに、科学そのものの面白さが失われたからです。その反省を踏まえ、「好きなことをやれ　面白いことをやれ」というスローガンを立てて、リスタートさせました。なぜこのような考えに至ったかと言うと、二人のノーベル賞受賞者の影響を受けたからです。

「科学ってそんなものだよ」と話す小柴先生

小柴先生は、太陽系外で発生したニュートリノ[*1]の観測に成功した功績で、ノーベル物理学賞（2002）を受賞された、あの小柴昌俊先生のことです。

なぜ小柴先生と一介の中学校教師が出会ったのか。実は、武蔵野市で「中高校生のためのニュートリノ天文学」というイベントを開催したとき、私もスタッフとしてお手伝いをしたからです。小柴先生が時間を間違えて、講演の2時間も前に会場に到着してしまい、スタッフは大慌てでした。

課長「誰か接待できる者はいないの?」

職員「接待と言ってもスタッフはみんな文系なので」

課長「あ、理系のスタッフと言えば」

こうして私に白羽の矢が立ったわけです。企画した生涯学習スポーツ課の課長さんとは、後ほど紹介する「むさしのサイエンスフェスタ」を一緒に立ち上げた仲でした。小柴先生は、私が理科の教師だと知ると、最近のサイエンスの話に変わり、

先生「昔は秋葉原でよく電機部品を買ったものだよ」

私「最近はオタクの聖地になっていますね」

と電気街だった頃の話から、オタクや子育て、教育の話へと盛り上がり、時間があっという間に過ぎていきました。

実は、私は無謀にも「中高校生にも分かるニュートリノ天文学」というリーフレットを

作成し、講演を聴く教え子に事前に配付して解説をしていたのです。ところが、小柴先生の講演内容は難解で、参加した約５００名の中高校生、特に中学生にはほとんど理解不可能、残念ながら理系高校生でも歯が立たないものでした。

しかし、ここからが小柴先生から学んだ核心部分です。それは、講演が終了して質疑応答の時間となり、私の教え子が意を決し、質問したときのことでした。

生徒「ニュートリノ天文学は世の中の役に立つのですか？」

先生「役に立たないね、今はね」

こうあっさり答えたのです。続けて「今から１００年前に電子が発見されてね、新聞記者が君と同じ質問をしたんだ。すると、発見者のＪ・Ｊ・トムソン[*2]が『役に立たない』と答えたそうだ。ところが今はどうだろうか。電子を使わずに世の中が成り立っていると思うかね？」

そして、トドメの一言。

「科学ってそんなものだよ」

会場にいた一同が納得した瞬間でした。

「自分だけが見ている世界」を楽しむ大隅先生

大隅先生は、オートファジー[*3]の仕組みを解明した功績で、ノーベル生理学・医学賞（2016）を受賞した、あの大隅良典先生のことです。

学会誌『理科の教育』で「若い先生へのメッセージ」（2011年3月号）という特集を企画したとき、最先端の研究をされている科学者から理科教育について語っていただこうということになり、その候補として大隅先生の名前が、編集委員の矢野英明先生から挙がったのでした。

早速、東京工業大学の大岡山キャンパスへ向かい、迎えてくださった大隅先生に特集の趣旨を話し、インタビューに入っていきました。

大隅先生は、「研究は役に立たないから尊い」と、冒頭から強烈なメッセージを放ちました。

矢野「それはどういうことですか？」

私　「サイエンスは役に立たないのですか？」

先生　「サイエンスは面白いと思うことがとても大事」

最終的には役に立つことを願いつつも、「役に立つ」ことばかりを若い研究者たちが強調し、分からなかったことを分かりたいという欲求だけでは動けなくなっている状況を心配されていました。「全体的に安定志向でチャレンジできない」こと、それがサイエンスにとって一番問題ではないかということです。

インタビューは、この「役に立つ」「面白い」の論争から、先生の研究歴や「紅葉はなぜ起こるのか」のオートファジーによる説明へと続き、最後は本題の若い理科の先生方へのメッセージで締めくくりました。

オフレコの雑談中には、こんな会話もありました。

私　「ノーベル賞の受賞はあり得ますか？」

先生　「あり得ないね。光学顕微鏡で勝負してきたからね」

私のド直球で無粋な質問に対して、大隅先生は笑っていました。

一晩中、顕微鏡を眺めて「自分だけが見ている世界」を楽しんでいた大隅先生は、このインタビューの5年後にノーベル生理学・医学賞を受賞されました。その年には、『理科

◆プロフィール

1945年　福岡県生まれ
1967年　東京大学教養学部卒業
1972年　東京大学理学系研究科博士課程修了
1974年　米国ロックフェラー大学研究員
1977年　東京大学理学部助手
1986年　東京大学理学部講師
1988年　東京大学教養学部助教授
1996年　岡崎国立共同研究機構（現自然科学研究機構）基礎生物学研究所教授
2009年　東京工業大学統合研究院特任教授

［受賞］
2005年　藤原賞
2006年　日本学士院賞
2007年　日本植物学会学術賞
2008年　朝日賞

大隅　良典　おおすみ　よしのり
東京工業大学特任教授

おもしろいこと，人のやらないことをやる

「若い理科教師へのメッセージ」として，最先端研究を行っている科学者の方からお話を伺いました。今回インタビューをご快諾いただいたのは，東京工業大学特任教授の大隅良典先生です。さて，どのようなお話になるでしょうか。

『理科の教育』2011 年 3 月号

の教育』で異例の再掲載となったのでした。

都内最大で最強の科学部

「科学ってそんなものだよ」「自分だけが見ている世界」と話していた二人のノーベル賞受賞者の影響を受けて、科学部は「好きなことをやれ　面白いことをやれ」というスローガンを掲げてリスタートしました。具体的な方針として、「自分の責任で自由に科学を楽しんでよし」「理科室にあるものは自由に使ってよし」「授業でやった観察・実験をもう一度やってもよし」「他の教科の宿題でもよし」としました。

もちろん安全を最優先しながら、好きなことや面白いことを始めたのです。たとえば、「段ボールで作った輪っかは、校舎４階の階段から１階までどうやったら最後まで止まらずに回転してたどり着くか」「プールで浮かべるペットボトルボートを作ろう―重力と浮力の計算による理論値は正しいのか」など、面白い実験には人が集まり、チームでアイディアを出し合うようになりました。新入生歓迎会の部活紹介で、巨大空気砲や熱気球、

人が乗れるホバークラフトなど、体育館を大きなステージとして披露したことで、さらに人気は高まり、部員数も増えていったのです。

この勢いに乗って、科学好きな生徒たちを中心に、自分たちで研究テーマを決め、面白い観察・実験に取り組むようになっていきました。週2回の活動は、「やらされ感」から「やってやろう感」があふれる主体的な活動に変容していったのです。

生徒のやる気に応えるために、東京都中学校理科教育研究会が主催する生徒研究発表会に参加することにしました。生徒たちは「科学部の都大会」と呼び、毎年次々とユニークな研究発表を行いました。4年連続で優秀賞を受賞し、その中には日本学生科学賞東京都予選で奨励賞を受賞した研究もありました。この伝統は後輩たちに受け継がれ、我が科学部の研究発表を楽しみに、毎年見学してくれるファンも現れるほどでした。

土砂崩れのモデル装置

津波のモデル装置

それでは、生徒たちはどのように研究を進めたのでしょうか。研究発表会に出場した生徒の研究を中心に、内容の一部を簡単に紹介します。

①研究テーマ「地震と津波のモデル実験の開発」

津波のモデル装置を作成し、防災の方法を検討するという研究。東日本大震災で津波の被害が報告されたことから、どのような防潮堤を作ればよいのかをモデルで検証しようとした試みでした。

②研究テーマ「土砂災害に関するモデル実験の開発」

土砂崩れのモデル装置を作成し、そのメカニズムを探る研究。西日本で大きな土砂災害が起こり、その原因を探るために西日本の地盤に多い真砂土と学校敷地内の関東ローム層の土を比較して実験を行いました。また、生徒は土砂の粒子の大

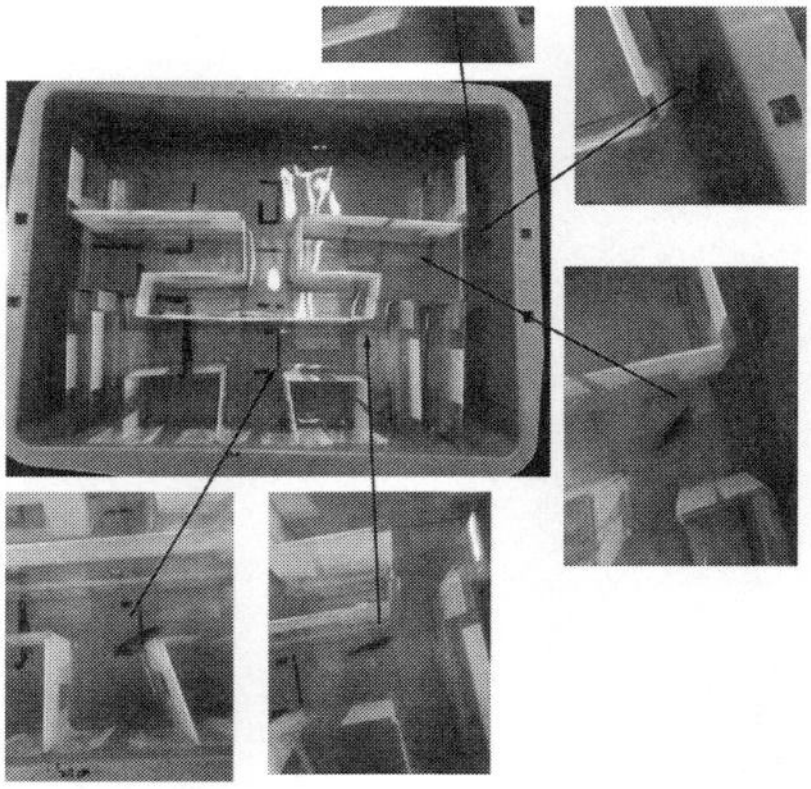

ヌマエビの交替性転向反応

きさによって土砂崩れの速さや様子が異なることをデータに基づいて考察しました。

③研究テーマ「水中の生物における交替性転向反応に関する研究」

ダンゴムシで有名な交替性転向反応を、水中の生物であるヌマエビで調べ、その原因を追究する研究。壁にぶつかると右左右左と移動する「交替性転向反応」の理由には諸説あり、まだはっきりしていません。そこで、同じ甲殻類のヌマエビを使って、水中の泳ぎ方と歩き方の2系統で、この反応を調べてみました。すると、ヌマエビもダンゴムシ同様に右左右左と曲がる傾向があることが分かりました。水中の水量を変えて、泳ぐ場合と歩く場合での違いを調べたところ、触覚を利用して判断している説と、左右の脚を均等に使って負荷を少なくするエネルギー説の両方があるのではないかと考察しました。

この他にも、科学部で築き上げてきた研究実績は、後輩たちに受け継がれ、研究テーマを設定するときの大きなヒントになりました。また、科学的な根拠に基づいて考察し結論を導き出すとともに、生徒自身の言葉で語ることを大切にしました。このことが、自己肯定感の高まりにつながったと思います。それと同時に、研究を進めるにあたって教師がどこまで関わるか、または関わらないかの見極めが難しく、いかに主体性を発揮させるかが重要であることを私自身も学びました。

部員数49名で科学部の都大会を４連覇したことから、「都内最大で最強の科学部だ」と部長が言いました。生徒にとっても、科学部は誇りとなっていたのです。多くの科学部の生徒が理系の進路を選んだのも、納得できる結果でした。

科学部の主な活動場所は理科室です。活動中、部員たちは気持ちよく授業の準備や実験の片付けを手伝ってくれました。部員たちにとっても、次の授業の予習や復習になるからです。また、先輩が後輩に実験の方法を伝授することもあります。実験を指導することでさらに上手になり、授業では科学部以外の生徒に教え、自ら実験助手のような働きをするようになりました。どこにでもいる普通の生徒が、科学部を居場所に主体性を発揮する、これが都内最大で最強の科学部の所以だと思います。

3時間で2000人を集める「むさしのサイエンスフェスタ」

プロローグでも紹介した東京都優秀教員の推薦を辞退した話ですが、「そんなもの欲しくないよな」と言い放った、あの豪快で尊敬できる校長先生は、その後、武蔵野市の教育長に就任しました。あるとき、こんなことを聞かれました。

教育長「米村でんじろう先生を知っているか？」

私「昔、イベントでご一緒したことはあります」

教育長「市政50周年のイベントで呼びたいのだけど」

私「マネージャーなら友人ですよ」

早速その場で友人に電話して、でんじろう先生を呼ぶことになったのです。

はじめ教育長は「武蔵野市理科教師vsでんじろう先生という企画はどうだ？」と冗談混じりで話されましたが、その企画の代わりに、生涯学習スポーツ課の課長さんと一緒にサイエンスのイベントを提案しました。

これが「むさしのサイエンスフェスタ」の始まりです。コンセプトは、完全地域密着型の科学イベント。武蔵野市には、中学や高等学校の科学部の他に、科学技術に関する企業やサイエンスボランティアの団体が数多く存在しており、何よりサイエンス大好きな地域住民が多いからです。

「米村でんじろうサイエンスショー」の会場は、私の勤務校の隣でした。そのため、第1回サイエンスフェスタは勤務校の体育館で行われました。最初、私が会場全体の図面を描き、ブース出展者が少ない場合を想定して、理科好きな教え子を配置しました。その後、生涯スポーツ課が出展者を募集すると、あっという間にブースが埋まりました。

午前中に行われたでんじろう先生のサイエンスショーに続いて、サイエンスフェスタが開催され、1000人近い来場者が集まり、市政50周年のイベントは大盛況となりました。

課長「役所では来年も実施するかどうか検討中だ」

私「会場をもっと広くしないといけませんね」

課長「今年はでんじろう先生とセットだったから来場者が多かったけど、来年はどうかな」

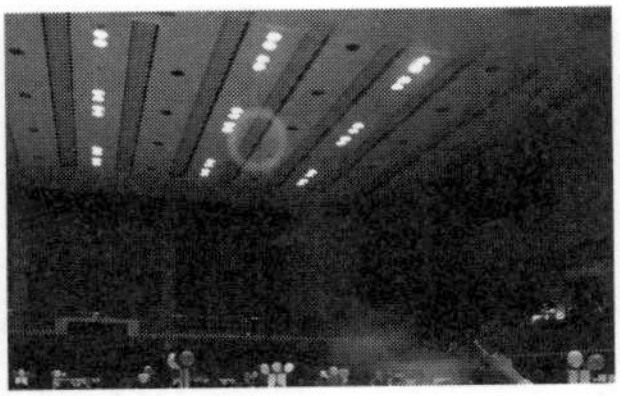 

空気砲（左）と「人が乗れるホバークラフト」（右）

さて、翌年、会場を利便性の高い小学校の体育館に移し、第2回サイエンスフェスタが開催されました。蓋を開けてみれば、この年も1000人近い来場者。会場を市の総合体育館に移し、数年後には3時間で2000人以上を集める大イベントに発展したのでした。サイエンスフェスタは現在も継続しており、その規模は変わりません。

3回目のサイエンスフェスタの頃、私は隣の学校に異動していました。そこであの「都内最大で最強の科学部」が参加することになったのです。科学部は雷と静電気の実験、ジェットコースターモデル、空気砲、「人が乗れるホバークラフト」体験、放射線やDNA抽出実験などのブースを出展しました。また、部員数の増加に伴い、他ブースのお手伝いに出向くこともありました。

大学生の自主ゼミ雑談会

「好きなことをやれ 面白いことをやれ」というスローガンは、大学でも引き継がれました。

ある日、学生のＡＫさんが訪ねてきて、教育系ＹｏｕＴｕｂｅｒをやってみたいと言うのです。教職課程を終了して、現在は大学院で生命科学を学ぶ学生ですが、様々なジャンルの雑学を有し、アイディアも豊富、大学の授業ではリーダーシップを発揮している一人です。たとえば、コロナ禍の新入生のために、彼は仲間と一緒に非公式の学生相談用アカウントをツイッター（現在Ｘ）に開設し、後輩たちの相談に乗っていました。その相談の回数は１０００回を優に超えていました。

そんな彼が私に質問してきました。

ＡＫ「先生のアイディアはどこから生まれてくるのですか？」

私「枠にハマらないことかな。ＡＫさんのアイディアはどこから？」

ＡＫ「ものごとをつなげることですかね」

おそらく、オンラインのワークショップ授業を通じて、私のアイディアの源泉に興味をもったのだと思います。その後、頻繁に研究室を訪れるようになったのです。

彼とのたわいもない会話の中、様々なアイディアが生まれてくることに二人が気付き、これをきっかけに、自主ゼミが定期的に開かれるようになりました。自主ゼミとは、単位とは関係なく、学生が主体となって開かれる勉強会のことです。

自主ゼミの最初のテーマは「アイディアはどこから生まれてくるのか」でした。自分たちの生い立ちまでさかのぼり、アイディアが生まれてくるときの時間と場所、脳科学の知見、アイディアを阻害するものなど、好き勝手に雑談を楽しみました。そして、アイディアは目的や目標とは関係ないところで生成されることや、リラックス状態で生まれること、根拠が明確ではない妄想や思い込みから始まることなどが挙げられ、すなわちアイディアは雑談から生まれてくると結論付けたのでした。ゆえに、この自主ゼミは「雑談会」と命名されました。この自主ゼミは、アイディア満載の様々な学生が集い、入れ代わり立ち代わり好き勝手に雑談をしては去っていく、そんな適当で自由なものでした。その実態は「私自身が学びを請う」ことにあり、教師が学生から学ぶという不思議な構図ができあがっていったのです。

教育系ＹｏｕＴｕｂｅｒをやってみたいというＡＫさんの話がきっかけで、彼が影響を受けたチャンネルも視聴してみました。そして、彼の推しの教育系ＹｏｕＴｕｂｅｒのレベルの高さに驚愕したのです。私は中学校現場の終盤、コロナ禍で授業をＹｏｕＴｕｂｅで配信したことがありましたが、視聴することはほとんどありませんでした。この動画を繰り返し見れば、単純な知識の注入や入試学力だけなら絶大な効果が期待できると直感しました。一方通行であり、主体性を発揮したり協調的に学んだりすることはできないままでも、カスタマイズされた個別最適な学びは十分成立すると即座に思いました。事実、教員採用試験を受験する学生が、授業のすき間や通学時間帯にＹｏｕＴｕｂｅで勉強をして合格したという話はよく聞きます。いつでも、どこでも、誰とでも学習ができるツールであるＹｏｕＴｕｂｅは、学校教育の授業の在り方を一変するのではないかと感じるほどでした。

それ以降、雑談会のメンバーから学ぶことが多く、彼らは私の知らない世界を教えてくれる存在です。自分たちを「オタク」と言っているのですが、この「オタク」の概念が我々の世代のものとは全く違うことに唖然とするのです。「サブカルに没頭していて社会から理解されない人」「コミュ力の劣る人」というような一昔前のネガティブなイメージは全くなく、ある分野にこだわり、特化した人たちだと感じたからです。いろいろな定義があるようですが、集まるメンバーは皆自分たちをオタクと言って憚りません。だから、議論が多様で面白いのです。

おすすめの漫画やアニメ、小説や映画をオンラインで購入し、彼らと意見の交換をします。それは私が全く興味をもたなかった分野から、古典的な啓蒙書まで、実に幅広いものです。

たとえば、アニメ「進撃の巨人」「沈黙の艦隊」「へうげもの」「サマーウォーズ」など、学生なら誰でも読んでいる作品からマニアックな作品まで、ただ聞いているだけでも実に愉快なのです。また、新海誠監督の映画「すずめの戸締まり」に至っては、4時間以上の議論を経て、研究室で新海監督の初期の作品「秒速5センチメートル」を上映して、その真髄や原点を探す議論を繰り広げました。さらに、我々世代の必読書であった外山滋比古『思考の整理学』の冒頭の「自力で飛べないグライダー人間を作る学校教育」の批判を論じたり、ショーペンハウエル[*4]『読書について』から、ピエール・バイヤール[*5]『読んでいない本について堂々と語る方法』まで幅広く話題にしたり、まるで学生時代に戻った感覚で、学生から教えを請うているのです。

長年、現場主義で職人芸的教師をやってきた我が身を顧みて、全くアップデートしていないことを思い知らされるのでした。これまで教育書以外はほとんど読んでおらず、学生を通じて学び直しや学びほぐしを行っています。そして、学生にとっても、私の研究室が「語り場」としての居場所になっていったのです。

私にとって、この雑談会は「学生から教えを請う場」であると同時に、「まだまだありのままの自分には価値がある」と認識できる場でもあり、新たな価値観から枠を超えるアイディアが生まれると感じています。つまり、私自身が自己肯定感を高め、主体性を発揮できる場となっているのです。

雑談会から授業実践へ

学生から学んだことを活かした授業実践を一つ紹介したいと思います。

ＵＨさんから「いなくなりたい症候群が一定数いる」という話題が提供されました。「死にたい」「消えたい」「生きることに疲れた」という自殺を感じさせるシグナルのようなものを含めて、人と関わりたくないと漠然と感じて「いなくなりたい」と思っている若い人がいると言うのです。もちろん、学術的な症候群というものではないのですが、多くの学生が「そうだそうだ」と賛同しています。よく耳にする同調圧力など、社会や学校に生きづらさを感じることが原因なのか、教育を生業としている者として見過ごすわけにはいけない事案と思いました。心理カウンセラーの友人から話を聞いたり、関連書籍を読んだりして、混乱する自分の頭を整理していったのです。

ある日、「面白い動画を発見しました」と言う学生と一緒に、「戦争と自殺―なぜ戦争が始まると自殺は減るのか―」というYouTubeを視聴しました。そこには、戦争と自殺率の関係を丁寧に調査した結果と考察が語られ、「戦争が行われている非常事態下では自殺率が低く、戦争がない平常時下では自殺率が高い」と言うのです。デュルケーム[*6]の『自殺論』のデータを根拠に、人が自殺する理由を戦争から考えてみるという試みで作成されていて、その結果「社会との結び付き」が関係していると考察しているのです。戦争が人と社会の結び付きを強くしているが、平常時ではその結び付きが希薄になるため、悩みを一人で抱えてはいけないというメッセージを投げかけていました。動画の最後には、ドラえもんの「パパもあまえんぼ」が紹介されました。会社で嫌なことがあったのび太のパパのために、ドラえもんがおばあちゃんを天国から呼び出して、パパが甘えるというシーンでした。おそらく、人は誰しも「誰かに、何かにすがりたい」という気持ちでいることを示唆していると結論付けたのでした。「いなくなりたい症候群」も誰かに、何かにすがれない状況の中で生まれてくると考えると、教育の本質を問うことになります。

また、ある日SRさんが日本や韓国でバズった「16パーソナリティ性格診断」をやろうと提案し、数名のメンバーで実施しました。スマホアプリで簡単にできる無料性格診断ですが、これは確かに面白いです。最後にはっきり「発明家」「起業家」「指揮官」「冒険家」など、16の性格に分類されるからです。ちなみに私は「指揮官」に分類され、学生からは当たっていますねと言われ喜んでいました。そして、これはアイスブレイキングにはうってつけだなと思った瞬間、直感的にマズいと感じたのです。それは性格診断という名の下で「枠組を決められる」のではないかという心配です。一種の占いのように、何かにすがり、自分の運命を誰かに委ねたいという気持ちにさせるような気がしたからです。

少し調べてみると、最近流行っている「16パーソナリティ性格診断」は巷で「MBTI」[*8]と呼ばれていますが、1960年代にユング心理学[*7]をベースに生まれた「MBTI」とは異なるものであり、科学的根拠が薄く、客観性や再現性に乏しいと心理学者からも指摘されています。心理学者から比較的信頼されている「ビッグファイブ」という性格診断があり、これも同様にスマホアプリから簡単にアクセスでき、診断結果が出ます。こちらはビッグデータに基づくので、適当な回答をすると、このような性格の人はいませんとはじかれてしまいます。診断結果も断定的ではなく、性格の傾向が分かる程度の割合として示されます。

実際に2つを比較すると、「ビッグファイブ」よりもなぜか「16パーソナリティ性格診断」の方が面白いのです。それは科学的な根拠が薄くても、誰かに決めてもらいたい、すがりたい、頼りたいという気持ちになるからだろうと、雑談会では考えました。

そのとき、ベストセラーになったユヴァル・ノア・ハラリ氏の『サピエンス全史』[*9]にあった「フィクションを信じる力」というフレーズを思い出しました。ホモサピエンス（人類）が、この地球上で繁栄し今日に至った一つの仮説として、「フィクションを信じる力」という科学的根拠が薄いものへの信頼と「誰かに、何かにすがりたい」という衝動を関連付けたのです。

この2つの雑談会の議論から授業を考え、実践を行いました。

それは3、4年生の合同の教職課程の授業で、「16パーソナリティ性格診断」と「ビッグファイブ」の2つを使ってグループ分けを行い、その違いから「誰かに、何かにすがりたい」心理を学ぶワークショップでした。そして、「いなくなりたい症候群」から、ドラえもん「パパもあまえんぼ」へとつながる展開を通じて、現在の教育の在り方を議論するというものでした。その結果、「誰かに、何かにすがりたい」という気持ちは科学的な根拠だけでは割り切れないという事実を学ぶことになります。科学だけで問題が解決できない問題群があるという認識に至るのです。

雑談会では、若者の間で話題になっていることを過去の思想や哲学に結び付けて考えます。私が学生の意見を柔軟に受け入れて、枠を超えてアイディアを生むことができるのは、私自身が自分のありのままを価値付けているからなのかもしれません。

＊1　ニュートリノ…原子より小さい素粒子の一つ。質量が小さく電荷をもたない謎の素粒子。
＊2　J・J・トムソン…ジョゼフ・ジョン・トムソンは、陰極線が電荷をもった粒子であることを発見し、これを「電子」と命名した。
＊3　オートファジー…真核生物にある細胞内の浄化やリサイクルをする機能。
＊4　ショーペンハウエル…ドイツの哲学者で、主著に『意思と表層としての世界』などがある。

＊5　ピエール・バイヤール…フランスのパリ大学教授で精神分析医。

＊6　デュルケーム…フランスの社会学者で、主著に『自殺論』『社会学的方法の規律』などがある。

＊7　ユング心理学…心理学の三大巨匠の一人であるユングによる分析心理学。

＊8　MBTI…Myers-Briggs Type Indicator の頭文字で、ユングの心理学的タイプ論を元にした16の性格類型。

＊9　サピエンス全史…ホモ・サピエンスが文明を築き、世界を席巻した巨大な物語。世界的ベストセラーとなったイスラエルの歴史学者ユヴァル・ノア・ハラリ氏の著書。

第5章

だまされたと思ってやってみたＯＰＰＡ

―評価は「いいところ探し」―

面白い教材さえあれば、理科が好きになるという考えを一変させたのがＯＰＰＡ（一枚ポートフォリオ評価）でした。導入にはいくつかの困難がありましたが、根拠のない「謎の記号」や「いいところ探し」を繰り返し、生徒や学生の学びを見取ることで、自己肯定感が育まれることに気付きました。本章では、ＯＰＰシートからの見取り方やコメントの書き方、コミュニケーション能力の鍛え方などについての私見を解説します。

教材が面白ければ理科が好きになるという幻想

私は元来、ものづくりなどの創造的な活動が好きです。だから理科の教師になったのかもしれません。ゆえに、生徒に「あっ」と言わせる面白い教材、しかもオリジナルの教材開発に没頭していったのです。理科教師として、まさに主体性を思う存分に発揮していました。理科の面白い教材には迫力があり、生徒の興味・関心を高めることは言うまでもありません。それらの教材を使って授業をすれば、必ず生徒は理科が好きになると信じていました。

しかし、あるときから「本当に理科は教材が面白いだけでいいのだろうか」「熟達した教師はそうではない」と思うようになりました。生徒の本質的な理解や概念形成は、教材の良し悪しや面白さだけでは図れません。生徒の学びの状況を把握して、「ここは理解できている」とか「難しいから他の方法を考えよう」などと、認知して考え、行動に移せることが大切なのではないかと思うようになったのです。このような考え方に至ったきっかけは、一枚ポートフォリオ評価（ＯＰＰＡ：One Page Portfolio Assessment）による生徒の自己評価でした。

このＯＰＰＡという評価方法を中学校現場では十数年、大学に移ってからもすべての授業で実施しています。この実践が、生徒や学生の「いいところ探し」から自己肯定感を高めること、主体性を育むことにつながっていくのです。何より私自身がＯＰＰＡにハマっていきました。

目からウロコの素朴概念

評価について学ぶようになったのは、第3章で少し触れた堀先生との出会いでした。私が都研の研究生時代に学習会を企画して、理科教育で構成主義学習論を初めて翻訳された堀先生を講師としてお招きしたとき、「素朴概念」に関するお話を伺ったのです。

素朴概念は、日常生活を通じて、人が自然事象について「自分なりの理解」（生活知）をつくり上げていくことで、授業で学ぶ「科学的な見方や考え方」（学校知）とは異なる理解をしています。素朴概念における子どもの既有の考え方は、かなり強固に保持されると言われ、授業でいくら科学的な見方や考え方を教えても「なかなか変わらない」という衝撃的なものでした。

これまで、面白い教材ばかりを考えて授業を行ってきた私にとって、この素朴概念は目からウロコでした。そして、どのように素朴概念を科学的な概念に置き換えることができるのかが知りたくなり、堀先生の著書から構成主義学習論なるものを読みふけり、自分なりの理解と解釈で授業に当てはめて、授業改善に取り組んだのでした。

まずは、生徒の見方や考え方を知ることから始めました。次に生徒が自然事象と出会ったときに、既有の考え方とは異なるものに遭遇する場面を仕掛けました。生徒は自分の考えでは説明できないことに気付き、新しい考え方を構築し始めるのではないかと考えたのでした。つまり「未知と既知の葛藤」を引き起こそうとしたのです。

中1単元「身の回りの物質」で、「炭酸飲料水の炭酸と発泡入浴剤から発生する炭酸ガスは同じかどうか」という問いを投げかけました。そのときは、多くの生徒が「同じ」、2、3割程度の生徒が「違う」という回答でした。つまり、炭酸ガスには二種類あるというのです。その後、同様の実践を何回も行ったところ、炭酸ガスの二種類説をもった生徒が一定数いることも分かりました。おそらく、生活経験から「飲むことができる炭酸ガス」と「身体を温める炭酸ガス」は別物であるという考えが生まれたのだと思います。私はその場では答えを言わずに、身の回りの物質についての授業を進めました。おそらくその場で答えを言っても、素朴概念は変わらないだろうと考えたからです。

そして、中2単元「化学変化と原子・分子」で、あらためて「炭酸飲料水の炭酸と発泡入浴剤から発生する炭酸ガスは同じかどうか」という問いを投げかけました。この単元で新たに学習した「炭酸ガスは二酸化炭素であり、炭素原子1個と酸素原子2個が結び付いた化合物である」という科学的な根拠に基づいた考え方では、「炭酸ガスには二種類ある」ことの説明がつかないという事態に陥るわけです。この未知と既知の葛藤こそが、素朴概念を科学的な概念に変容させるのだと知り得たのでした。ここで大事なことは、教師が生徒の学習前の状況を知っているということです。つまり、素朴概念を含め、既有の知識や考え方を知る手段をもっているかどうかが大切になってきます。生徒は全く白紙の状態で学んでいるわけではないからです。

生徒の素朴概念を調査すると、多岐にわたることが分かります。

「エネルギーと力の混同」「動くものはすべて力が働いている」「ものが燃えると必ず二

酸化炭素が発生する」など、素朴概念を知って授業に取り組むと、生徒がどうしてつまずくのかが見えてきました。理科にとどまらず、数学や他教科でも素朴概念の存在が報告されています。もしかして、よく言われている「つまずき」とは素朴概念のことかもしれません。

ＯＰＰＡとは何か

ＯＰＰＡは堀先生が開発した評価方法です。おそらく、堀先生は子どもたちの実態調査を通じて、どのように素朴概念を科学的概念へと変容させるかを目指し、戦略的かつ具体的な評価方法としてＯＰＰＡを開発されたのでしょう。

なお、ＯＰＰＡの詳細な説明はＯＰＰＡの関連書籍に託し、ここでは、最低限の私なりの説明にとどめたいと思います。

ＯＰＰＡとは、一枚の用紙（ＯＰＰシート）に子どもが学習前・中・後の履歴を記録していき、その全体を自己評価するという評価方法です。子どもは授業の振り返りから自己

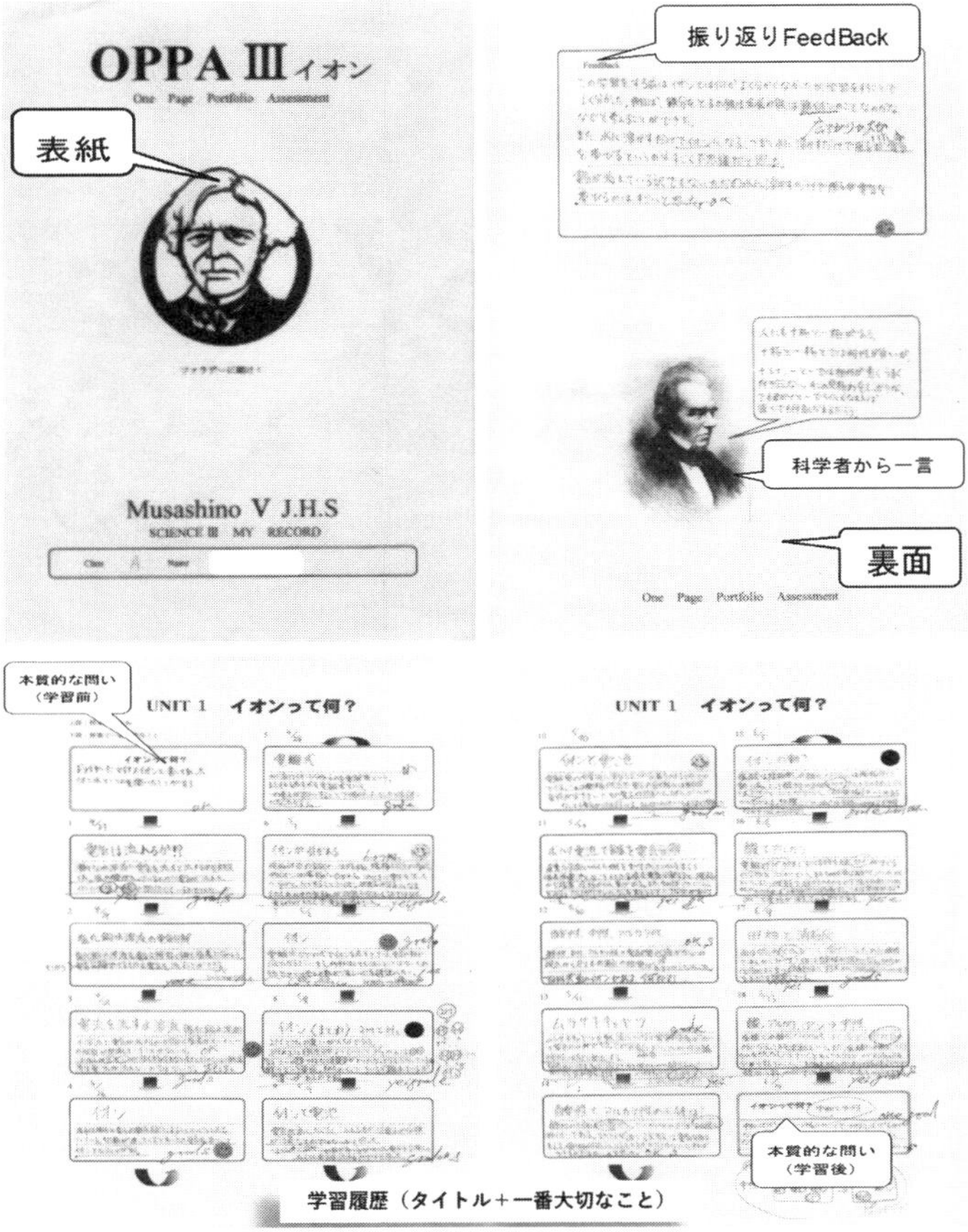
OPPA Ⅲ イオン
One Page Portfolio Assessment
表紙
Musashino V J.H.S
SCIENCE Ⅲ MY RECORD
振り返りFeedBack
科学者から一言
裏面
One Page Portfolio Assessment
本質的な問い
（学習前）
UNIT 1　イオンって何？
UNIT 1　イオンって何？
本質的な問い
（学習後）
学習履歴（タイトル＋一番大切なこと）

の変容を自覚することができ、教師は子どもの学びを見取ることで授業改善を図ることができます。ＯＰＰシートは、単元を貫く問いとして最初と最後に答える「本質的な問い」、毎授業後に自分で考える授業タイトルと今日の授業で一番大切なことを記述する「学習履歴」、単元終了後の「振り返り（自己評価）」で構成されています。ＯＰＰシートは、一つの尺度で測るペーパーテストのような評価方法とは異なり、教師が想定したものよりはるかに広く深い学びや、教師の意図とは異なる学びなど、子どもの多様な学びを可視化し、見取ることができるのが特徴です。これは評価基準が明確なテストやレポート、ワークシートなどの評価方法とは大きく異なる点でもあります。

　また、先ほど述べたように、子どもの学習前の素朴概念は、学習後でも変わらないことがあり、これを踏まえると、学習前にどのような考え方をもっているのか、学習後にどのように変容したのかを教師が見取る必要があります。そこでＯＰＰＡが大変有効な手段となるわけです。これは理科だけではなく、すべての教育活動に通ずるということが、研究者や実践者によって明らかになってきました。

　私は、生徒が自分の学びをメタ認知[*1]することで学習改善につながり、教師がその学びを見取ることで、授業改善の根拠とすることができると考えるようになりました。これまで追究してきた面白い教材の「上から目線」の授業観ではなく、生徒の学びを活かすための授業観に変容していったのです。

だまされたと思ってやってみた

実はＯＰＰＡを始めたきっかけは、友人で研究者の中島雅子先生の「だまされたと思ってやってみて」の一言でした。以来、十数年ＯＰＰＡにハマっているわけです。

当初、実践者からＯＰＰＡの評判のよさを聞いていましたし、もちろん開発者の堀先生からの薫陶も受けていました。しかし、実践するまでには至りませんでした。それは、「毎授業で振り返りを書かせる時間があるのか」「多忙な放課後にコメントする時間はあるのか」「評定に入れないと生徒はやる気が出ないのではないか」「今までの授業で十分ではないか」など、様々な思いがあったからです。そして、これらを打ち破る意志や明確な目的をもっていたわけではありませんでした。それでも、何となく「だまされてみるか」と思い、どう実践するか考え始めたのです。

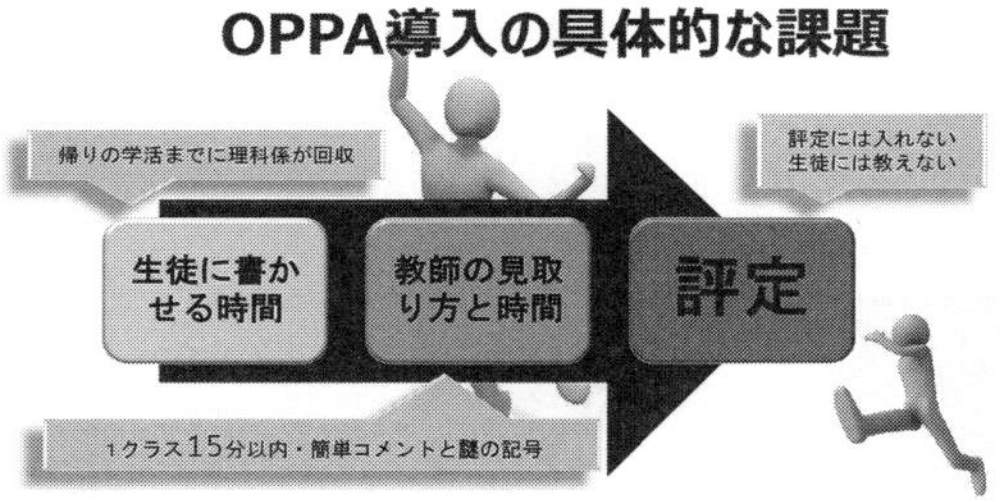

その結果、生徒の記入時間は5分以内、実験の片付けなどがある場合は休み時間に書くようにして、帰りの学活で理科係が回収することにしました。

また、私が生徒の学びを見取る時間は15分と決め、コメントするというよりは、Excellent, Good, Yes, OKなどのサインや、独自に考えた「謎の記号」、面白い発想や励ましたい生徒にニコちゃんマーク、そして時々コメントを書くというスタイルにしました。

さらに、成績に入れるかどうかは「教えない」という作戦をとりました。ＯＰＰＡでは、基本的に評価はしますが、評定には使いません。ＯＰＰＡの目的は生徒の学習改善と教師の授業改善であり、生徒の本音を引き出すことが大切だからです。もし、数値化して成績に入れるようになれば、教師への忖度が始まると堀先生は常々話していました。そして、ＯＰＰＡはあくまでも個人内評価なので、評価基準がありません。「これができればＡ」とか「この記述が書かれていればＢ」というような基準を設けた序列のための評価ではないのです。ＯＰＰＡは、評価をアセスメント（改善）として捉えているからです。

辻本流「謎の記号」の正体と効果

ＯＰＰＡの実践に向けた課題の３つ「書かせる時間」「評価する時間」「成績に入れるかどうか」をクリアして、実際に授業に取り組んでみました。その結果、予想外に効果があったのが「謎の記号」でした。謎の記号は、元々は時間短縮のため、苦肉の策として編み出した戦略でした。テストやワークシート、ノートには、学習内容の記述が大半だと思

謎の記号

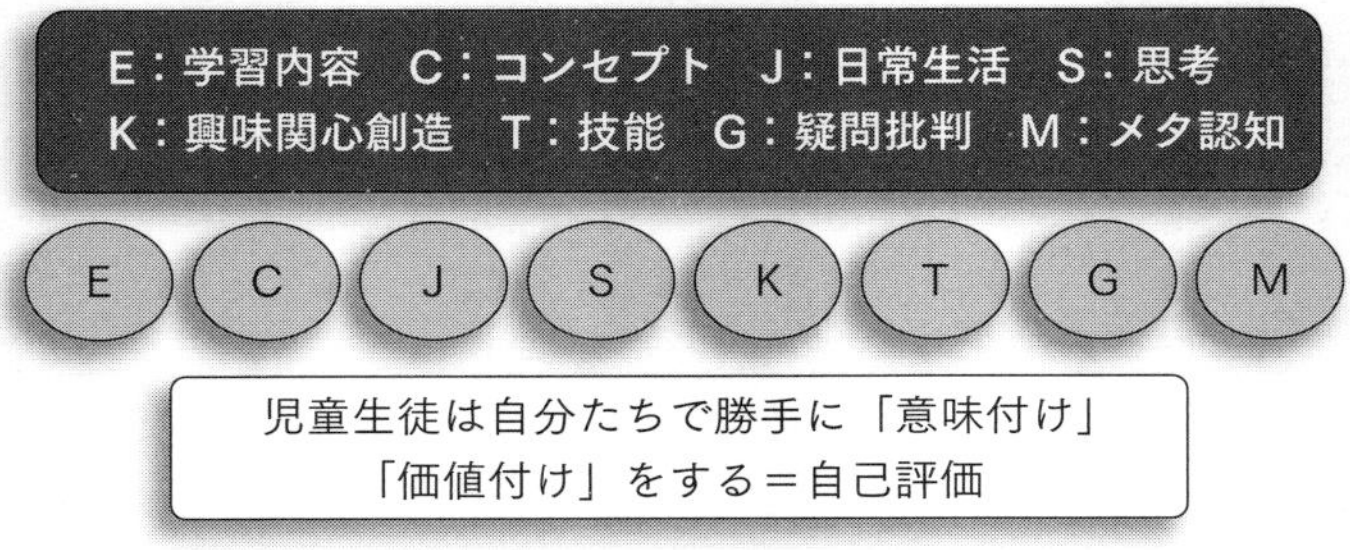

います。しかし、生徒の学びを可視化するには、学習内容の把握だけでは不十分です。私は授業を通じて、学習内容の理解以外にどのような学びをしているのかを知りたいのです。

謎の記号の正体は、「E（学習内容）」「C（コンセプト・概念）」「J（日常生活）」「S（思考）」「K（興味関心から創造）」「T（テクニカル・技術）」「G（疑問や意見）」「M（メタ認知）」などです。私が授業を通じて、このように学んでくれるといいなと思った観点を記号にしただけです。ちなみに、Eは最低限の学習内容という意味でミニマムエッセンシャルズ（Minimum Essentials）のEを採用しました。また、Jは日常生活の「常」をローマ字にしただけです。和洋折衷の適当な記号なのです。

生徒は、はじめ「EとCとSではどれがいいのですか？」などと質問します。ＡＢＣのような順位のある評価に慣れているので、どちらが上か気になるのです。ここでも「教えない」作戦をとり、「謎の記号」と答えるのみでした。ところが、生徒は連続Ｅが３つ並んだあとに、突然Ｃが付いたのを見て、「学習の内容をまとめて書いてみたらＣが付いたよ」と友達に話すのです。「なんか疑問系の書き方をするとＧがつく」「身の回りに関連させるとＪだ」と勝手に謎の記号の解釈を始めました。つまり、価値付けや意味付けを主体的に行っていたのです。

長年、この謎の記号をＯＰＰシートに付けていると、生徒の学び方がよく分かってきました。たとえば、こんな生徒たちがいました。

・Ｅ（学習内容）の記述から転化して、自分の言葉としてＣ（概念）をまとめる生徒
・Ｇ（疑問）だらけの記述から、突然Ｍ（メタ認知）が生まれ、自己調整している生徒
・学んだことをイラストにするＫ（創造）と、深い内容で考察するＳ（思考）を繰り返す生徒

これらの見取りから、学校の成績とは関係なく、多様な学びが存在することがよく理解できたのです。

私は研修会の講師に呼ばれたときに、よく「謎の記号」の見取り方を紹介しています。

簡単な「謎の記号」のワークショップも行っています。その結果、多くの先生方がＯＰＰＡの見取りに採用し、私と同様の効果があったと報告してくれました。

「この2という数字がやっかいだ」と言う生徒

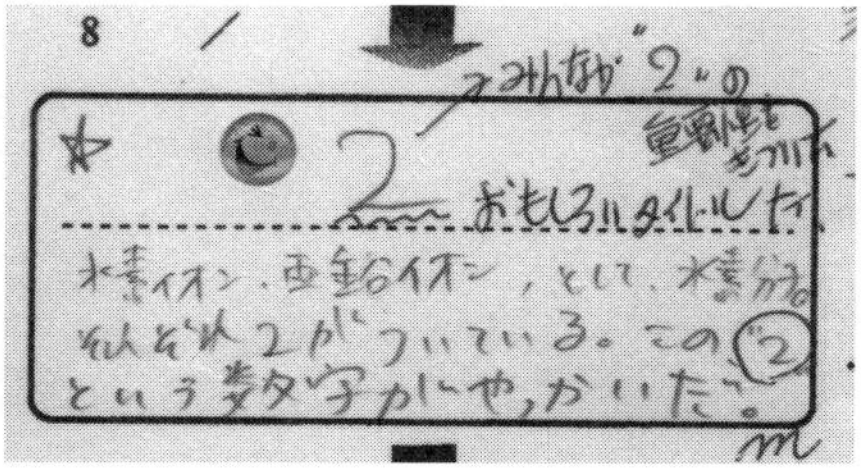

ここで、ＯＰＰＡの実践を少し詳しく紹介したいと思います。次の2つの実践は、ＯＰＰＡを導入した初期の頃、私が衝撃を受けた事例です。

中3「イオンと電離式」の授業で、ＯＰＰシートの学習履歴欄のタイトルには「2」、一番大切なこととして「化学の記号は2が難しい」というような記述がありました。その生徒は$2H_2O$・H_2・Cu_2+・2OH-・SO_4^{2-}などの2の意味の違いで混乱していました。これは、中2で学習する分子式、化学反応式、中3で学習するイオン式、電離式に登場する「2」がそれぞれ異なる意味をもっているためです。

以前の私なら、理科の苦手な生徒が化学反応の係数を理解できていないのだろうと思い込み、見過ごしていた事案だと思います。しかし、この「2」という印象的なタイトルが気になり、理科を得意とする生徒に聞いてみたところ、その生徒も「2という数字はやっかいだ」と言うのです。確かに、中学校で扱う化学では、3と4はせいぜいアルミニウムイオンAl^{3+}と酸化銀の分解反応で登場する4Agぐらいで、あとはほとんど「2」であることに気付きました。この「2」を克服すれば、化学反応は理解できるかもしれないと思ったほどです。

そこで、単元計画を変更し、徹底的にこの「2」の意味を追究する授業を行ったのです。有効な手立ては、モデルを使ったグループワークでした。「2」の意味を理解した生徒は、自分の言葉で他の生徒に説明をはじめ、次々に学び合いが起こったのです。理科の得意な生徒も、教えることで曖昧だった部分がすっきりします。「○○ちゃんの教え方がうまい」などと言われ、私が教えるよりはるかに分かりやすく解説する生徒も現れました。

中には「2」の意味を追究している内に、深い学びに至る生徒もいました。たとえば、ある生徒の学習履歴には「イオンは電子が入れる枠があり、その中に電子が入っている。

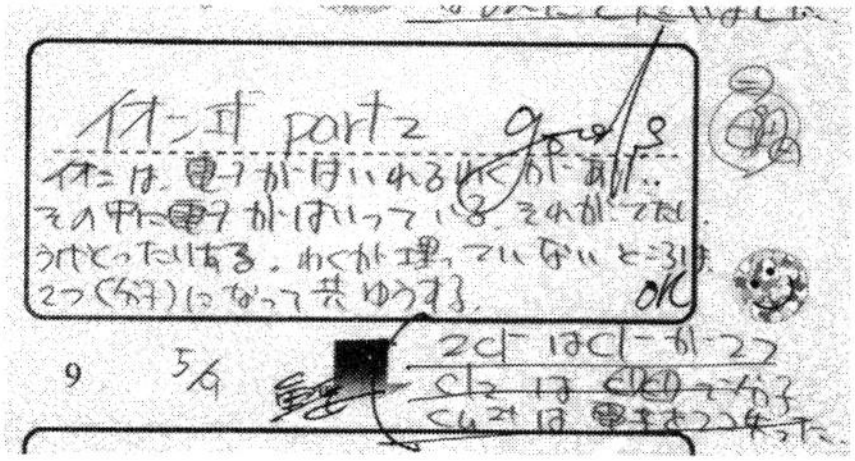

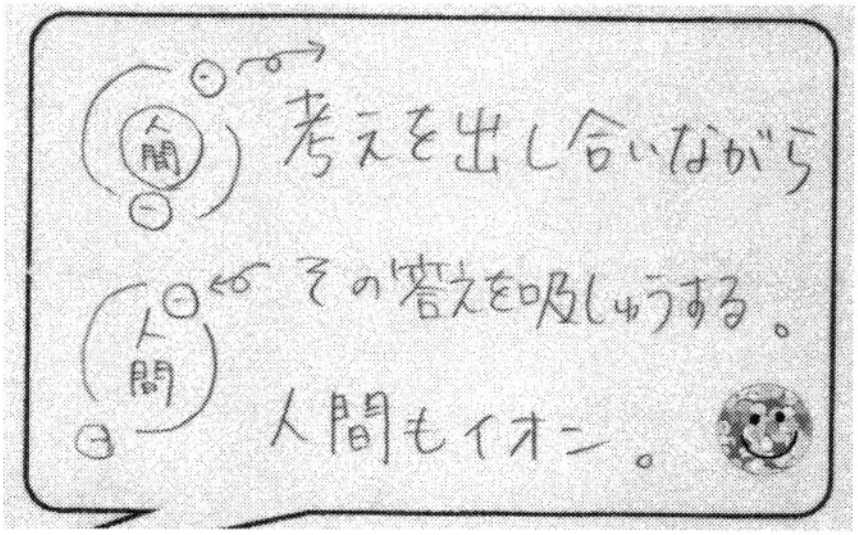

それが出たり受け取ったりする。枠が埋まっていないところは2つ（分子）になって『共有』する」という記述があったのです。つまり、この生徒は「2」のもつ意味を原子構造から考え、「分子は電子を共有しているのではないか」という仮説を立てたのでした。もちろん、共有結合は高校化学の学習内容であり、その生徒は共有結合を知る由もありません。この共有結合らしきものまで追究してしまう生徒のすごさ、つまり、教師の想定外の学びこそ「主体性を発揮させる学び」なのではないかと驚嘆したのです。ＯＰＰＡの恐るべき力を垣間見る出来事でした。

このように「この2という数字はやっかいだ」というメタ認知から「分子は共有している」という発想まで、生徒の学びを見取りながら、教材に頼っていたこれまでとは違う授

業改善をすることができました

単元「イオン」を終えたとき、ＯＰＰシートの「振り返り」には「考えを出し合いながら、その答えを吸収する。人間もイオン」という記述がありました。自分の考えをアウトプットし、議論を通じて自分の中にインプットする人間と、電子のやりとりで存在しているイオンを重ね合わせたのです。私は、このような自分なりの見方や考え方が表現されたものが、生徒の成長を実感する最高の振り返りであると確信しています。

「裸子植物は背が高い」と言う生徒

中１「被子植物と裸子植物の違い」のまとめの授業で、ある生徒が「裸子植物は背が高い」と言ったのです。ＯＰＰシートの学習履歴には、「上から落とすようにするとまわりながら遠くへ飛んでいったのが面白かったです。これは一つのマツの工夫だと思った」という記述がありました。多くの生徒は、教科書にある「胚珠が子房に包まれているかどうかの違い」を述べるのですが、その生徒はマツの観察、実験をした際、マツの種子に羽根が付いていたことを不思議に思い、「種子を遠くに飛ばして子孫を残すためには、背が高い方が有利である」と考えたのでした。

　確かに学習した裸子植物のマツ、スギ、ソテツなどは一般的な被子植物に比べて背が高く、種類が少ないのです。この事実を次の授業で伝えて、その理由を考えるという授業展開に変えていきました。

「被子植物は花で昆虫をおびき寄せて花粉を運ばせ、子孫を残す」「植物と昆虫が共存共栄している方が仲間を増やすのに有利」などの意見が飛び交い、単なる構造の違いから、生殖に関連する生物の進化へと考えが及び、本質的な学びへと移行していきました。「裸子植物は背が高い」という事実に基づき、「これは一つのマツの工夫だ」という見方・考え方を示したことが、多くの生徒に影響を与え、枠にはまらない自分の考えをＯＰＰシートの学習履歴に表現しようとする契機となりました。そして、自分の言葉で語ることの大切さを知るきっかけになった授業でもありました。

辻本流ＯＰＰシートの見取り方＆コメントの書き方

２つの事例を紹介しましたが、私は数多くの生徒や学生のＯＰＰシートを見てきた経験を通して、見取り方やコメントの書き方などのトレーニングを積んできました。そこで、辻本流の方法を伝授したいと思います。

私の場合、「話をよく聴く（傾聴）」「いいところを探す（自己肯定感）」「生徒の立場になって考える（共感）」の３つだと考えています。

「話をよく聴く」というのは、ＯＰＰシートに記述されている生徒の声に耳を傾けるということです。そして、「もしかしたらこんなことを考えているんじゃないかな」とキーワードを探し、頭を巡らせて想像することです。この視点からコメントを書いてみると、生徒は「そうか私ってこんなこと考えていたんだ」と深掘りしてくれます。「潜在的な能力を顕在化させる」というのは堀先生の言葉ですが、まさにそれを具現化するための方法だと考えています。

OPPAの見取り方とコメントの書き方（辻本の場合）

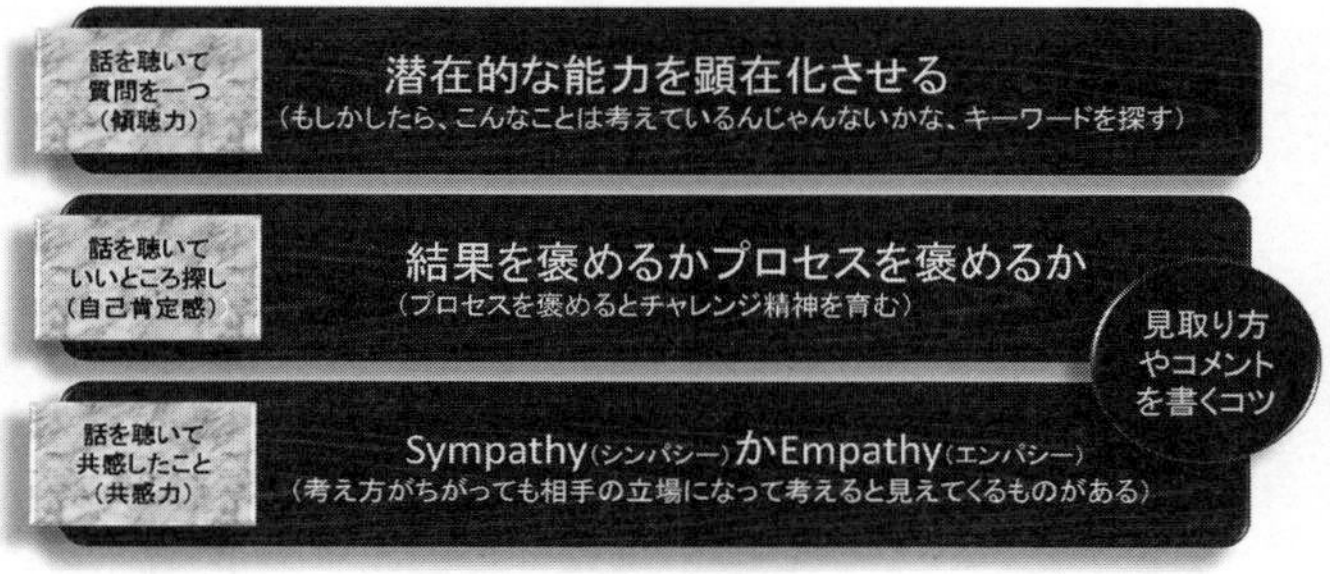
話を聴いて
質問を一つ
（傾聴力）
潜在的な能力を顕在化させる
（もしかしたら、こんなことは考えているんじゃんないかな、キーワードを探す）
話を聴いて
いいところ探し
（自己肯定感）
結果を褒めるかプロセスを褒めるか
（プロセスを褒めるとチャレンジ精神を育む）
見取り方
やコメント
を書くコツ
話を聴いて
共感したこと
（共感力）
Sympathy（シンパシー）かEmpathy（エンパシー）
（考え方がちがっても相手の立場になって考えると見えてくるものがある）

「いいところ探し」は、ＯＰＰシートに記述されている生徒のいいところを褒めるということです。この場合、結果を褒めてもプロセスを褒めても、生徒の自己肯定感は一時的に高くなります。しかし、結果だけを褒めても結果に満足して守りの姿勢になってしまうことがあります。それに対して、プロセスを褒めると、もっと挑戦したくなり、チャレンジ精神を育むことになるのです。

「生徒の立場になって考える」は、ＯＰＰシートに記述されている内容に共感するということです。共感にはシンパシー（Sympathy）とエンパシー（Empathy）の二種類の意味があります。前者の場合は、相手を「かわいそう」と感じる「同情」の意味合いが強いです。これには、同じ感情を理解できない場合も含まれます。後者の場合は、自分が経験していないことでも、相手の立場になって同じ感情を共有するという意味です。この見方ができると、今まで見えなかった新しい価値観が見えてくることがあります。OPPシートの記述にも、一見すると「これは間違っている」「全くトンチンカンな発想だ」などと思うものもありますが、生徒の立場になって考えてみると、いろいろな発見があるのです。先ほど紹介した「この2という数字がやっかいだ」や「裸子植物は背が高い」という記述に隠された発想の面白さを、教師が見逃さないようにすることが大切です。

辻本流コミュニケーション力を鍛える「7つの視点」

コミュニケーションを重視した授業を行うと、OPPシートの記述には必然的に他者からの学びが多く表れます。「Aさんと対話して分かった」「Bさんと意見が対立した」「Cさんの考え方に全く気付かなかった」「Dさんの教え方がうまい」「Eさんの意見から自分の考え方を修正できた」など、他者からの学びをモニタリングしコントロールしている様子がよく分かります。このメタ認知的な記述は、教師がいくら教えても学べるものではありません。
これらを踏まえ、私にはコミュニケーションを促すための「7つの視点」があります。

①「アウトプット」…自分の考えを自分の言葉で表現する。
②「傾聴」…相手の話をよく聴く。もしかしたらと想像する。違和感を抱く。否定しない。
③「いいところ探し」…相手のいいところを見つけ、自他ともに自己肯定感を高める。
④「共感」…相手の立場になって考える。
⑤「批判的思考」…自他の考えを疑ったり反対側から見たりして、俯瞰して本質に迫る。
⑥「合意形成」…根拠をもって判断する。妥協点を見つける。納得解や最適解を追究する。
⑦「修正・省察」…臨機応変に、柔軟でしなやかな感性をもって、思考を深める。

②③④は、OPPシートの見取り方&コメントの書き方と同じです。
これらの「7つの視点」を工夫した授業は、第6章から第8章で具体的に紹介しますが、実際の授業で発揮するにはある種のトレーニングが必要です。ここでは、第1章で紹介した「いいところ探し」のワークショップの他に、ダイヤモンドランキングとすごろく

トークというコミュニケーションツールを紹介します。なお、この2つのツールは紙ベースのアナログ、パソコン上のデジタルのどちらでも対応できます。

ダイヤモンドランキングは、第3章でも学会誌の特集として登場しました。コミュニケーションを促すための「7つの視点」がほぼ網羅されているツールです。自分の考えや意見を表明し、仲間と話し合いながら合意形成を図り、深い理解や思考の柔軟性を育てることをねらいとしています。あるテーマに関するキーワードが書かれたカードを使い、より大切だと考えるキーワードをランキング形式にして、議論を行います。キーワードはどれも重要ですが、あえてランキングにすることで自分の考え方が明確になり、他者との相違も浮き彫りになります。時には共感や対立を生みながら、根拠をもった深い話し合いに発展していくのです。

また、各教科や道徳、学活、総合的な学習の時間など、小中高の校種を問わず、多くの学習活動で実践することが可能です。単元や内容のまとまりごとの前後で実施すると、学びの見通しや振り返りとして活用できるところがOPPAとの共通点です。

たとえば、次ページの図は、中学校の総合的な学習の時間で使った「人はなぜ働くのか」というダイヤモンドランキングです。この問いは、そのままOPPシートの「本質的

なぜ人は働くのか

ダイヤモンドランキング

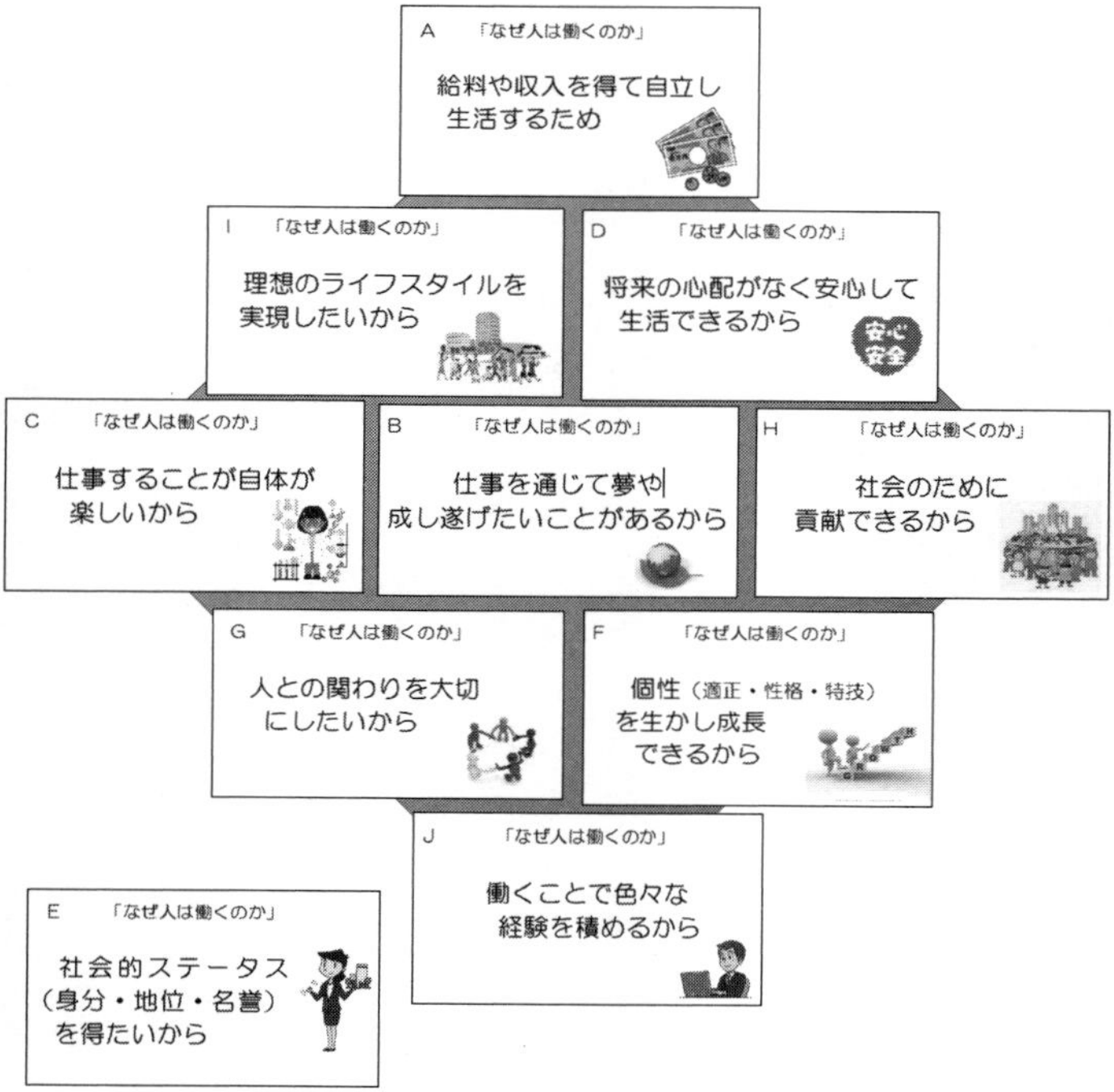

A 「なぜ人は働くのか」
給料や収入を得て自立し
生活するため
I 「なぜ人は働くのか」
理想のライフスタイルを
実現したいから
D 「なぜ人は働くのか」
将来の心配がなく安心して
生活できるから
安心
安全
C 「なぜ人は働くのか」
仕事することが自体が
楽しいから
B 「なぜ人は働くのか」
仕事を通じて夢や
成し遂げたいことがあるから
H 「なぜ人は働くのか」
社会のために
貢献できるから
G 「なぜ人は働くのか」
人との関わりを大切
にしたいから
F 「なぜ人は働くのか」
個性（適正・性格・特技）
を生かし成長
できるから
J 「なぜ人は働くのか」
働くことで色々な
経験を積めるから
E 「なぜ人は働くのか」
社会的ステータス
（身分・地位・名誉）
を得たいから

な問い」と関連させることができます。ＯＰＰシートとダイヤモンドランキングを連動させると、生徒は働く意義をより深く考え、自分の言葉で語れるようになります。

他にも、「理科を学ぶ意味とは」「算数とは何か」「民主主義とは何か」「鎌倉時代とは何か」「道徳とは何か」「運動会とは何か」「いいクラスとは何か」「移動教室とは何か」「強い部活とは何か」など、様々な問いを立てることができます。また、校内研修などでも「評価とは何か」「学習指導要領の何を重視して授業を行うか」「資質・能力とは何か」などの問いを立てることができ、汎用性に優れているのです。

すごろくトークは、サイコロを振ってコマを動かし、止まったマス目の問いに、自分の言葉で答えるというゲーム形式のコミュニケーションツールです。偶然に止まったマス目の問いを答えなければならないため、瞬時に適切な答えを導くことが求められます。また、３つの隅には「質問をする」「いいところを探す」「共感する」など、対話の仕掛けを施し、コミュニケーションを促すための「７つの視点」が機能するようなつくりになっています。

すごろくトークも、学びの見通しや振り返りで活用できます。シートのマス目には、単元や内容のまとまりのテーマに沿った問いが配置されています。たとえば、中３理科「生

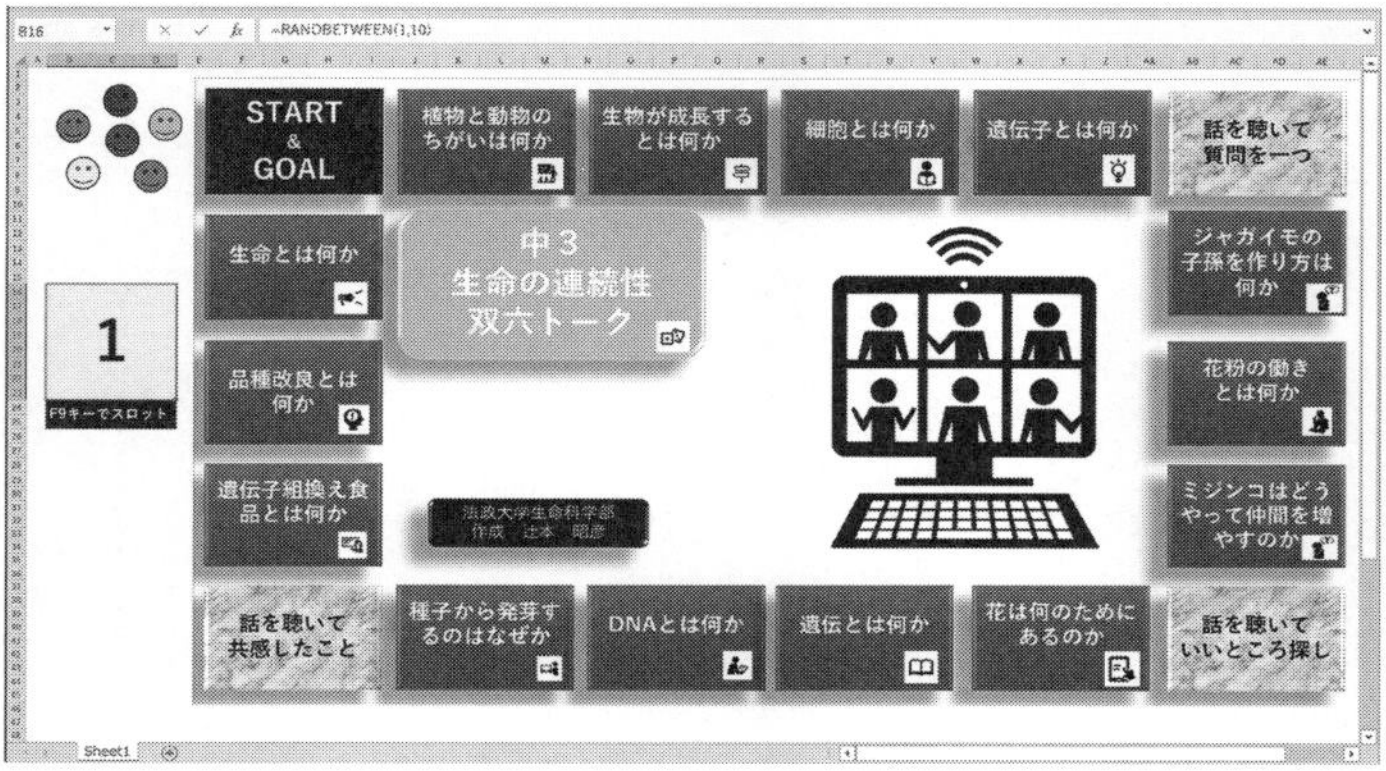

命の連続性」では、最後のマス目に「生命とは何か」という問いを配置して、OPPシートの学習前・後の「本質的な問い」の「生命とは何か」と連動させています。すごろくトークによって、生命の連続性について深く考え、自分の言葉で語れるようになるのです。

他のマス目には、「DNAと何か」「遺伝とは何か」「生命とは何か」など、学習前でも何となく漠然と答えられるものや「植物と動物の違い」「細胞」「花の役割」などこれまでの学習で学んだことを問うものを用意しました。このすごろくシートを学習前に行うと学びの見通し、教師にとっては診断的評価になり、学習後に行うと学びの振り返り、教師にとっては総括的評価となります。生徒自身が自分の学びの変容に気付くことになるのです。なお、右の図のようにデジタルで行うすごろくトークの場合、サイコロの代わりに、乱数を生成するエクセル関数（RANDBETWEEN）を用います。

大学生のOPPAは面白すぎる

中学校の学校現場では十数年にわたり、すべての理科授業で、さらに学校全体を巻き込んで道徳や総合的な学習の時間でOPPシートを使用していました。何がその原動力になったかと言うと、生徒の「素直な本音」が聞けるという点に尽きます。生徒の思考のパターンを見取り、その生徒の強みやよさを肯定しながら学びを促すことを長年続けていました。また、生徒の記述に対するコメントは、「謎の記号」のように必要最小限にとどめ、必要に応じて部分強化[*2]を図るようにしていました。

さて、大学に移ってからはどうだったのでしょうか。

全く気持ちは変わらず、大学でも何の迷いもなくOPPAを実践しています。大学生が授業を通じて何を考えているのかを知りたいのです。大学生は果たして「素直な本音」を書いてくれるのだろうかと思いつつ、ここでも根拠のない自信がありました。兼任講師の1年目は、中学校と同様にペーパーで実施していました。2年目からはコロナ禍となり、苦肉の策としてエクセルで作成したデジタルOPPシートを使い、オンライン上でやりとりを行いました。アナログとデジタルの相違は第9章で述べるとして、2年目以降、すべての授業でOPPAをデジタルで実施しました。その際、「謎の記号」は使用せず、学生の記述に対してすべてコメントを書くという連続強化[*3]を図ったのです。その理由は、「学生の記述内容が面白すぎる」という安易なものです。私の授業を受けているすべての学生のOPPシートを見取り、コメントを書き込むのは大変な作業だと思うでしょう。ところが、時間を忘れるぐらい面白いのです。OPPシートを通して、学生がたくさんのことを教えてくれます。また、見取り方&コメントの書き方は、先ほどの「傾聴」「いいところ探し」「共感」と同じです。記述内容の質が高い学生や、難解な文章を書いてくる学生もいるのですが、継続していくと「素直な本音」を記述してくれるようになります。たくさん紹介できないのが残念ですが、代表的な学生の記述を紹介します。

次の記述は、教職科目「理科教育法Ⅲ・Ⅳ」という授業で、学生による模擬授業を行ったときのOPPシートの学習履歴欄です。

……従来の授業では分類の分野もそうですが、基準に合わないものが出てくると例外として簡単に片付けられてしまうことも多いです。しかし、これはテストに出るか出ないかということを前提として話をしているようで高校生のときからすごく疑問に思っていました。実は私は高校生のとき生物の授業を履修しておらず、化学選択でしたので生物は独学で勉強をしました。だから他の人よりも教科書に載っている細かい記述までよく一人で吟味していました。またどうしても疑問に感じるところがあった場合は、生物の先生にも質問しましたが同じ質問を数学の先生や社会（倫理）の先生にもぶつけていました。それは生物の分野だけでは知識が偏ってしまうと思ったからです。そういったことがあり、私の現在の授業スタイルになったわけであります。これからも様々な分野とのつながりを大切にして授業を考えていきたいと思います。

この学生の模擬授業は、高校生物の最後の授業で、これまでの学習を活かした「生物の新しい分類を考える」というグループワークでした。単純な「外部形態や染色体の数」の違いによる分け方や、分子レベルのグループ分けなど[*4]、それぞれの分類のメリットやデメリットを議論しながら、生物の本質に迫ろうとするものでした。高校生物を独学で学び、疑問点を生物以外の社会や倫理の先生にも質問しているところがいいです。まさに主体性を発揮した学びだったのでしょう。
同じ授業の次の時間では、他の学生の模擬授業に参加して「いいところ探し」をしている様子が伺える記述がありました。

私は模擬授業の評価をする際に、みんなのいいところを探すようにしているので、ほとんどの場合、良い評価がついていると思います。しかし、たまにいいところ探しをできなくなってしまう人がいます。それはなぜかというと、単純に上手な授業展開に嫉妬してしまうからです。あーこんなやり方があったのか!! と思うと途端になにか悪いところはないかとあらさがしをしてしまうようになるわけです。(まあ結局悪いところなんてないので良い評価になってしまうのですが) それがとても悔しいです。私がこんなことを思うのは意外かもしれませんが、人間誰でも嫉妬はしてしまうものです。ところで私は授業後に批判的な意見が多いときがあるのですが、その時はとてもうれしい気持ちになります!

つまり嫉妬するぐらいに「いいところ探し」ができ、他者を肯定した結果、自分に対する批判的思考へと移行しているのです。こういう学生の学びと出会うと、本当に痺れてしまいます。これもＯＰＰＡのおかげです。

次は、教職科目「教育の制度と経営」で行った「理想の学校を作ろう」というテーマの授業の学習履歴と振り返り（Feedback）です。学生はそれぞれ理事長、校長、教務主任、生活指導主任、研究主任になりきって、入学生を獲得するための学校紹介の動画を作成し、ＹｏｕＴｕｂｅにアップするという内容でした。一種のロールプレイングのような授業です。すべてのグループがＹｏｕＴｕｂｅにアップして、受講生は作成された動画を視聴して評価するところまで行いました。

私が思う今日のポイントは、『感動』。この授業を受けている全員がパワーポイントを作り、動画を作って伝えようとしていること自体になんか感動したし、真剣に見入ってしまった。一緒に教職の授業を受けたみんな、そして自分自身も、これまで様々な形で「学校」というものに迫ってきた知識や考え方を最大限発揮できたと思う。初めてひとりで立てた時、初めて自転車に乗れた時、悔しくて必死に練習して部活の試合で勝てた時、そこには感動がある。成長は感動をもたらす。この授業で、少しは成長できたのかなと思えた。

この学生の授業タイトルは「感動」、その理由を「初めて自転車に乗れた時」や「必死に練習して部活の試合で勝てた時」のように感動したと表現していました。

また、この授業の振り返りでは、次の記述がありました。

自分とは何なのか、それに気付かせてくれるのがOPPAの魅力の一つであると私は思う。「自分のことは自分が一番分かっている」はウソである。自分の知らない自分を追究していくことも人生の醍醐味だと思う。この授業やOPPAを通じて感じた自分の変容としては「考える力が身に付いたこと」と「教育に対して向き合うようになったこと」である。この授業は自分なりに考えたり調べたり作ったりすることが多かったため、授業をとる前よりも、自分で考えてアクションを起こす力が付いたように感じた。またそのこともあり、教育に対していろいろな考え方に触れたことで、自分の中の教育観が確立され、吸収力も高まったと感じる。教育の完璧な姿はないと私は思う。この授業を通して教育の未来を追究する一人になれたと思うし、今後もそうありたい。

この学生は、自他の学びに着目して、自分の強みと弱みを理解し、「自分とは何か」「自分の知らない自分の追究」などを考えさせてくれるのがＯＰＰＡの魅力であると語っています。また、「自分の考えでアクションを起こす力」「教育に対しての向き合い方」の変容を挙げています。最後に「教育の完璧な姿はない」と結論付けたのでした。

このような記述に出会うと、私自身の自己肯定感も上がり、さらに授業改善するためのモチベーションも高まります。

本章で紹介したような生徒や学生のように、学習者は様々な学習活動の中で日々成長しています。ところが、多くの学習者はそれをあまり自覚していないようです。教師は学習者の潜在的な能力を顕在化させ、学習者自身に「腑に落ちた」と思わせるようにすることが大切です。そこで、教師には学習者の自己評価をどのように見取るかというトレーニングが欠かせないのです。時には、知識の枠組を超え、固定概念にとらわれない勇気も必要になると思います。

ＯＰＰＡには成長を自覚させる仕掛けがあります。うまく機能すると、学習者の自己肯定感が高まり、自己の成長を実感する記述が多く見られるようになります。その結果、主体性を発揮させようとする場面にいくつも遭遇することができるのです。

ＯＰＰＡの事例からは、自分の考えを自分の言葉で語ることの大切さを学び、新たな価値観を構築する姿を見取ることができます。私は、この見取りを大切にしているのです。

＊1　**メタ認知**…自分の認知（理解や判断などの知的機能）を客観的に把握（モニタリング）して、制御（コントロール）すること。

＊2　**部分強化**…心理学の用語で、刺激や報酬を時々与えることを部分強化と言う。学習を維持するために効果的と言われている。

＊3　**連続強化**…心理学の用語で、刺激や報酬を毎回与えることを連続強化と言う。学習を形成するために効果的と言われている。

＊4　**分子レベルのグループ分け**…3ドメイン説のことで、すべての生物が共通してもつｒＲＮＡの塩基配列をもとにした分子系統樹を描くと、「細菌」「古細菌」「真核生物」の3つのグループになるという分け方。

第6章

そんなこと本当にできるの？

―シティズンシップの醸成―

漠然とした「生きる力」を、私は「社会に提案する力」と捉えました。そこから生まれた「市長に提言」というプログラムは、本当にできるかという不安をはねのけるように、中学生の提案は目を見張るほどアイディアあふれるものでした。ポスターセッションやタウンミーティングなどを通した市長への直接提案は、現在も伝統的に続いています。本章では、シティズンシップの先駆けとなる「市長に提言」の様子を語ります。

「生きる力」はヤバい

　総合的な学習の時間がスタートした頃、これは大変なことになると、誰しもが実感したと思います。かなり次元の違う教育活動が求められていると感じたはずです。私は、「教師の主体性が試されるな」と、ポジティブに受け止めていました。そして、都研から戻ったばかりの頃、研究主任として総合的な学習の時間を推進する役割を担うことになったのです。

　職員会議で説明を始めると、「教科書もないのか」「誰が教えるのか」と、ネガティブな発言が飛んできました。「そうだよな。自らが発見、学び、行動、解決することのできる人間の育成なんて、大人だってできもしない目標だ。そう簡単な話ではない」と思いつつ、その必要性を説明し、説得を試みるのでした。

　そもそも、ゆとり教育は詰め込み教育の反動から登場し、「生きる力」という極めて抽象的で何でもありのキーワードが掲げられていました。もちろん、学習指導要領には、もっともらしく「生きる力」の解説と構造化された概念図が提示されていましたが、私にとってはそれがまた複雑すぎて、わけの分からないものでした。

「生きる力は俺の体育の授業で十分だ」

「美術や音楽に触れてこそ生きる力だ」

様々なことを言い出す教師が現れます。

ヤバいなあ「生きる力」、定義から始めないとダメなのか。

それでも現状に満足しない改革的な先生方もいて、「生きる力」とは何か、具体化するものは何かと話題になりました。あるとき、雑談の中で「これまでの学校教育にはなかったもの」「各教科でも学活や道徳でもできなかったこと」など、「生きる力」のそもそも論を語り合う場面があったのです。

「実際の現実社会を調査してアウトプットすることではないですか」

「調査だけでは弱いです。行動に移すアクションも必要でしょう」

「それなら、社会を改革するプランですかね」

「具体的な提案ができるプレゼンスキルも必要となりますね」

この議論を通して、生きる力を「社会に提案する力」として定義したのです。これが20

年近く続いている「市長に提言」というプログラムの始まりです。

そんなこと本当にできるのか

「社会に提案する力」を、どのように総合的な学習の時間に落とし込むのかが、次の課題でした。授業の内容と方法を考えるうちに、「社会」を実現可能な「地域社会」に絞り込み、「提案」の方法はポスターセッションを採用、生徒にプレゼンテーション能力が身に付くことをねらいとしました。地域に提案と言っても、これまでのお決まりの発表学習、奉仕活動や町おこしのような地域活動では、「やらされた感」満載になることは目に見えています。リアリティのないものではダメだと思いました。

「提案するならば実現可能なものがいいです」
「社会を変える力がモチベーションになりますね」
「リアリティを求めるなら、地域を代表する市長でしょう」

この流れで、市長に提案するというアイディアが浮かんできたのです。

しかし、問題はどうやって市長を呼ぶかということです。

通常は指導計画を作成し、職員会議で了承され、校長先生が指導主事に相談して、指導課長、教育長を経て、市長部局にいってから市長の耳に届くことになります。

このような伝言ゲームでは時間がかかり、提案の趣旨が変わってしまう危険性もあります。当時の学校現場のヒエラルキーでは、ボトムアップすることは大変だったのです。それこそ、枠を超えて働きかけるような柔軟な発想は、まだまだ遠い世界の話でした。そこで、地域の職場体験でお世話になったA氏に相談したところ、ある戦略を授かったのでした。

私　「生徒が市長に提案するプログラムを考えているのですが」

A氏「それは画期的で面白いですね」

私　「どうやって市長を学校にお呼びするかで悩んでいます」

A氏「それなら議員にお願いしてみましょう」

それは、市議会議員が議会で市長に質問するという戦略でした。正式な手続きを踏むことばかりを考えていましたが、こんな手もあるのかと驚き、恐る恐るお願いしたのです。

相談したA氏は地域の顔的存在だったので、ある市議会議員さんに「市内の中学校で『市長に提言』という授業が検討されていますが、知っていますか？」と質問してもらったのです。すると、そこから市長、教育長、指導課長、指導主事を経て校長先生へ。トップダウンの早いこと早いこと。校長先生には前もって少しお話はしていたものの、いざ決まると、心配している様子でした。

校長「大変なことになったよ。市長が来てくださるって」

私「そうみたいですね」

校長「市長に提言。そんなこと本当にできるのかい？」

私「そんなことやってみなければ分かりませんよ」

私は笑顔で答えました。「生徒が地域に提案することに意味があり、たとえショボい内容でも致し方ない。あとは生徒を信じるだけの話だ」と根拠のない自信があったのです。

ポスターセッションでアウトプットの練習

いきなり「市長に提言」と言っても、生徒たちも困惑するでしょう。

そこで、まずはポスターセッションというプレゼン方法を考えました。ポスターセッションは、今では当たり前のように行われていますが、二十数年前には学校現場での試みは少なく、学会などで流行り始めた時期だったと思います。当時は分かりやすく「屋台村発表会」とも呼ばれ、興味のある好きな屋台を回って、発表を聞いたり質問をしたりするというものでした。それまでの発表は、グループによる全体発表会が主流で、これは一部の優秀な生徒が中心になっていました。それに引き換え、ポスターセッションは少人数の対話形式で、短時間で数回繰り返し発表ができるというメリットがあります。私のポスターセッションでは、グループを発表者と参加者の二手に分け、これを前半と後半で入れ替えて、最終的に全員が発表できるようにするというものでした。

当時から「プレゼンテーション」や「ポスターセッション」と名付け、その新鮮さが功を奏して、生徒のモチベーションは高まりました。また、「文字ばかりのポスターより大きなイラストがある方が引き付けられる」「何回かやっているうちに、プレゼンがうまくできるようになった」「お客さんの反応を見ながらプレゼンのやり方を変えた」「書いてあるものを読むより、お客さんの顔を見ながらプレゼンした方が効果的」「質問したりクイズを出したりする方が対話は進む」など、それぞれに工夫しながら、主体的にコミュニケーション力を高めることができたのです。

このポスターセッションは、中1のセカンドスクールという校外学習、中2の職場体験などで経験を積み、中3の「市長に提言」に備えるという計画です。つまり、3年間かけて鍛えていったのです。初回の「市長に提言」では準備期間が限られますが、翌年以降は、このような長期的なトレーニングをし、本番に臨むようにしたのです。ポスターセッション以外にも、フィールドワークのような調査活動やコミュニケーションを通じて、批判的思考力や合意形成を図るワークショップを行いながら準備を進めていきました。もちろん、その前提となるのが自己肯定感の育成です。

驚愕の「市長に提言」

さて、実際に行われた「市長に提言」は、どうだったでしょうか？

ショボいどころか、大人が思いもつかないような驚愕の提案が続出したのです。ここでは、ポスターセッションでプレゼンされた提案をいくつか紹介します。

「点字ブロックの統一」

　武蔵野市の点字ブロックが不統一だったため、理想の点字ブロックのモデルを作って、目の不自由な方が、街に出やすい環境をつくろうと提案しました。インタビュー活動を通して、不統一な点字ブロックでは、ただのタイルと区別がつかず不便を感じるという事実を突き止め、実際に市内の点字ブロックを調査、目の不自由な方と一緒に考えた理想のモデルを作成し、プレゼンしました。取材に来ていた新聞記者が絶賛し、そのモデルは市役所の担当部署に持ち込まれ、実際に検討されました。その後、市内の点字ブロックは徐々に統一されていったようです。

「武蔵野市のオリジナルウォーター」

　武蔵野市内の井戸水を売って、環境保全の費用に充てるという取り組みを提案しました。学区域にある井の頭恩賜公園の名称から「井戸の〝頭〟なのだからおいしい水に違いない」と考え、市内の井戸水や井戸水が含まれている水道水を理科室に持ち込み、化学的

な水質調査を行いました。その結果、市販されているミネラルウォーターに匹敵するほどおいしいという結論に至ったのです。この井戸水を「武蔵野名水」として売り出し、環境保全と地元のＰＲに役立てようと考えたのでした。ポスターセッションでは、おいしい水の飲み比べができる仕掛けを施しました。その数年後、実際に武蔵野市水道局から「水・好き―武蔵野の地下水深井戸２５０ｍから―」というおいしい水が販売されたのです。

「自転車免許証の発行」

　交通事故の撲滅を目的として武蔵野警察に調査に行った生徒は、自転車による事故の多さに気付き、その対策として「自転車免許」による交通安全の推進を図る提案をしました。もちろん、実際の自動車の運転免許とは異なるものですが、自転車講習を受けたら発行されるカードで、市内の駐輪場などで優遇されるというものでした。

その後、市内の中学校では、スタントマンによる自転車事故の撲滅に向けた安全教室が行われるようになり、その際に受講した生徒には講習修了証としてカードが配付されました。この講習会の取り組みは「自転車免許」の提案と類似するものだったのです。

「地域の外国人交流」

武蔵野市に住んでいる外国人が生活の上で困っていることがあるのではないかと考え、市民が外国人と交流できるプログラムを提案しました。調べていく中で、市内の国際交流協会が日本語の学習支援や生活支援の活動を行っていることや、それを通じて広く市民とのふれあいの場を提供していることなどを知りました。しかし、中・高校生と地域外国人との交流プログラムがないことに気付き、交流プログラムの具体案を考えました。たとえば、市内在住の日本語を母語としない外国籍児童生徒の日本語教室を中学校の空き教室に作り、多文化交流を兼ねた「インターナショナルスクール構想」というプレゼンを行ったのです。

「武蔵野市民カードの発行」

市が経営しているコミュニティバス（ムーバス）や総合体育館、図書館などの公共施設やデパート、商店街などで利用できるポイント制の「武蔵野市民カード」の発行を提案しました。たとえば、図書館で1冊本を借りると1円分のマイレージポイントがたまる、地元商店街で買い物をすると金額に合わせてムーバスなどの公共料金が安くなる、買い物袋を持参した場合、ポイントが加算されるなどの特典が付くカードです。ポスターセッションでは、生徒が作成した市民カードのモデルを市長にプレゼントしました。今でこそ、様々なカードが交通機関や商店で使え、特典もたまるしくみになっていますが、この提案がなされた当時は、このようなカードが普及するとは誰も思わなかったでしょう。

「世界につなげる放置自転車」

ＪＲの吉祥寺・三鷹・武蔵境駅の駐輪場の不足による放置自転車の問題に対する提案をしました。それまで、自転車の放置だけが問題だと思われがちでしたが、実は処分するにも大きな問題があることに気付き、放置自転車を有効に活用できないかと考えました。放置自転車を海外の内戦地域に送り、銃器と交換する取り組みをしているＮＧＯの活動を調査し、武蔵野市でもその活動を支援できないかと提案したのです。駅周辺の放置自転車の問題に関心が高かった市長は、放置自転車と平和を関連付ける発想が面白いと言って、この提案を市長賞の一つに選びました。

ここで紹介した提案は二十数年前の初期の頃のものですが、行政によって実現されたも

のや、考え方が今に通じるものまで、実に多様で面白いアイディアが生まれました。

過去のポスターセッションではおそらく３００近い提案が行われたと思います。環境、福祉、国際、地域経済、公共施設などのジャンルで、**「緑視率の向上」「障害者の害は漢字でいいのか」「三鷹駅を東京一バリアフリーに」「JR中央線と西武新宿線をつなぐプロジェクト」「光るマンホールの設置」「電線の地中化の実現」「武蔵野の地産地消のレストラン」「空き教室を自習室へ」**など、タイトルだけでもぱっと思い出せるほど、印象深い提案がたくさんあります。

直接、市長が推進した**「吉祥寺レンタルベビーカー」**は、乳幼児を育てる方たちにも気楽に吉祥寺に来てもらうための提案でした。この提案は武蔵野市が予算を組んで「ベビ吉」という名称で推進、吉祥寺駅周辺に設置されたレンタルベビーカーは、今でも多くの方に

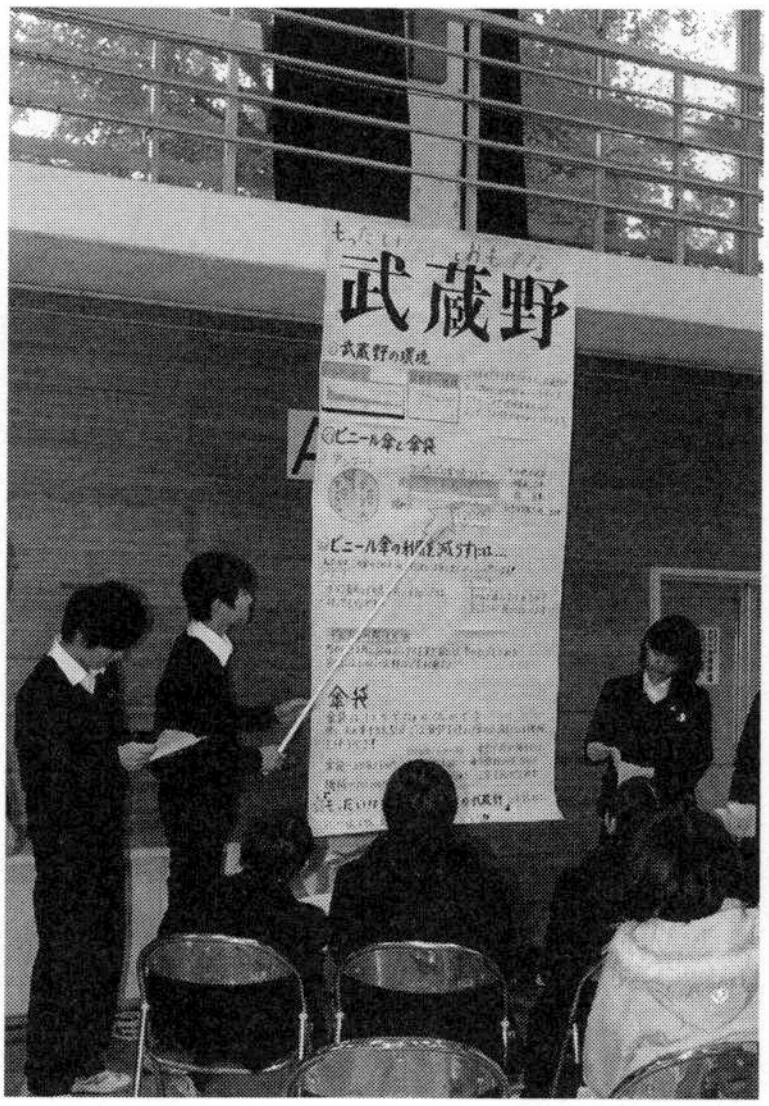

利用されています。
　もちろん、提案の中には、検討が不十分なものや現実的でないものもあります。しかし、ぶっ飛ぶようなものから緻密に調べ上げた実行可能なもの、50年先を見据えた長期的プランやその日から取り組める身近なものなど、大人では気付かない中学生ならではの視点が活かされたものばかりです。参加された市長をはじめ議会や地域関係者、保護者の方々などがあっと驚くようなものが数多くありました。
　私の個人的な見解ですが、歴代の市長はそれぞれ独自の目線で参加されました。最初の市長は俯瞰的な視点から、前々市長は現実的な路線で、前市長は対等な立場で生徒と関わっていただき、こちらも大変勉強になりました。
　また、プレゼンする生徒のかっこよさは惚れ惚れするほどでした。これは、自己肯定感の高まりと主体性の発揮に起因するものだと思います。「自分も社会に提案できる」という自信は、民主主義を支える一助になっていることを実感しました。

「市長に提言」は、武蔵野市の第一中学校と第五中学校で実施されました。前任校の武蔵野五中では現在も継続して行われており、市内の「武蔵野市民科」の一つの事例として紹介されています。この二十数年間、地域のことをよく知る中学生、地域を自分たちで改善できる中学生、問う意識をもった中学生がたくさん誕生してきました。まさにシティズンシップ教育[*1]の先駆けだと自負しています。

市長と生徒のタウンミーティング

武蔵野五中に異動してから、ポスターセッションだけではなく、市長と生徒が直接議論するタウンミーティングを実施するようになりました。市長から「中学生と対話したい」というリクエストがあったからでした。ここでは、タウンミーティングの事例を２つ紹介したいと思います。

「武蔵野市の小中一貫校の構想」

市内の児童生徒数の減少や老朽化による校舎の建て替えを機に、小中一貫校の検討が進められていました。小中一貫校にすると学校財政が年間で数億円安くなるという噂もあり、議会や学校現場、地域住民を巻き込んだ議論になっていたのです。

私はこのリアルな問題を「市長に提言」で取り上げることに躊躇しました。それは教育委員会主導の案件だったため、現場の一教師が生徒を先導して政治的に利用しているような誤解が生じないかと、二の足を踏んだのです。

生徒「なぜ小中一貫校をテーマに取り上げてはいけないのですか？」

私「問題がリアルすぎて……。みんなの意見の影響は大きいからね」

こんなふうにお茶を濁していました。教育委員会に忖度するつもりではなく、過去に行政関係者から「市長に提言とは何事か」とお叱りを受けた経験があったからでした。そのときは「私たちが考える武蔵野市」というありきたりな名称に変更し、その場を収めました。その方が異動したので、再び「市長に提言」に戻しましたが、政治的な案件には慎重にならざるを得ないという思いを強くしたのです。そして「市長に提言」の根底にあるシティズンシップを潰されたくないという気持ちもありました。それでも、小中一貫校構想

全生徒が武蔵野市長と議論
五中　小中一貫校など巡り

「武蔵野市改造計画」をテーマに、市立第五中学校（菅野由紀子校長）で22日、中学生と松下玲子市長が市政の課題などを議論するタウンミーティングがあった。1〜3年生の全生徒240人が参加し、待機児童問題などについて市長に質問をぶつけた。

生徒は、提言のために、実際に街に出て課題を見つけたり、関係者に話を聞いたりしてポスターにまとめた。まず生徒同士で話し合い、その後、市長が出席し、議論した。

生徒からの最初の質問は待機児童ゼロへの解決法について。市長は市内の子どもの数が増えていることに触れつつ、「もっと保育園をつくりたいが地域の理解を得られていない。しっかり対話して施設をつくっていきたい」と答えた。

生徒の関心が高かったのは、市が検討する施設一体型の小中一貫校について。生徒からは「一つにすると、規模が大きくなりすぎる」「新しい友達をつくる機会がなくなる」という疑問が出された。

市長は「一貫校にはメリット、デメリットがある」と話すと、生徒はさらに「市長の意見」を尋ねた。市長は「積極的ではないが、みなさんの意見を聞いて判断したい」と答えた。

50分にわたる議論に、市長は「大変有意義な時間だった」と述べていた。

（前多健吾）

活発な意見が交換された市長と中学生のタウンミーティング＝武蔵野市関前2丁目、市立第五中学校

朝日新聞 2017 年 12 月 24 日付 朝刊「むさしの」版

の話題に対し、当事者である生徒たちは強い関心をもち、議論を勝手に行っていたのです。

第1部のポスターセッションを終え、第2部のタウンミーティングも終了に向かっていたとき、こんな発言がありました。

市長「私は地域住民の意見を大切にしたいです。たとえば、小中一貫校の構想についても」

生徒「……！」

そのとき、体育館フロアーにいた議長役の生徒が振り向き、後方にいた私の顔を見たのです。気付くと、パネラーだった生徒たちも同様に振り向きました。

私は無言でうなずき、ゴーサインを出したのです。それまで封印していたテーマが解き放たれ、生徒たちは一斉に発言を始めました。生徒による賛否両論の意見が飛び交い、市長が返答するというこれまでに見たことのない討論でした。

小中一貫校が検討された根拠の一つに、中1ギャップ[*2]の問題がありました。それに対して、ある生徒は「中1ギャップより、自分が変われるチャンスの方が大事だ」と、実体験をもとに発言したのです。その発言を機に、生徒の8割近くが反対の意見を述べるようになりました。

さて、小中一貫校の構想はどうなったでしょうか。結果的に、この構想は実現されませんでした。当時、この話題は新聞にも掲載され、当事者である生徒や市民の意見から流れが変わったと言われました。

「外国籍住民投票条例案の是非」

この条例案は全国ニュースでも取り上げられていました。すでに大学の方に移っていた私は、タウンミーティング当日はゲストとして招待されました。2021年12月20日のことです。生徒たちの意見は賛否両論、賛成派は「多様性や人権の大切さ」を挙げ、反対派は「3か月の審議期間では短い、議論がまだ十分ではない」という見解を述べました。翌日、武蔵野市議会12月21日の本会議では、賛成11反対14と大接戦の結果でした。

私は、現実の議会と同じような議論を中学生でも十分できることが証明されたと実感しました。「多様性」と答えた生徒をインタビューしてみると、「うちのクラスに外国籍の子がいて、みんなで仲良くやったほうがいろんなことが学べるから」と答えたのです。こういう意見が言える中学生は本当にすごいなと感じました。

こういう取り組みがすぐに実現できるかというと、そうではありません。中１の頃から、自己肯定感を高め、主体性を発揮できる学びを追究し、自分の考えをアウトプットする活動を推し進めてきました。そのような土壌があるからこそ、シティズンシップが培われてきたのだと思います。

大学生によるキャンパス改造計画

中学校で実践してきたシティズンシップの学びは、大学でも引き継がれています。「総合的な学習の時間の指導法」の後半の授業では、大学のいいところ探しとともに改善すべき点をＳＤＧｓの視点から取り上げ、大学生活を見直すための議論やポスターセッションを行いました。

「生きる力」を「社会に提案する力」と読み換えて総合的な学習の時間を行ってきた経験から、大学でも自ら提言できるスキルを身に付けることが大切だと考えたのです。本学の大学憲章のブランディング・ワード（社会との約束）として『自由を生き抜く実践知』が掲げられています。その憲章の中に「自立した市民を輩出」「共感に基づく批判精神をもち、社会の課題解決につなげる」とあり、まさに「社会に提案する力」と読み取ることができます。そこで、地域を大学キャンパスに見立てて、「ＳＤＧｓ未来予想図大学改造計画」と称し、２０３０年に大学のあるべき姿を提言してもらったのです。

ある年は、**「クリーンエネルギーやソーラーパネルの積極的な設置」「大学ブランドの美味しい水のペットボトルを生分解性プラスチックに変更」「フードロスと二酸化炭素の排出を削減できる無人自動販売機の導入」**などの環境に特化した提案、**「文理融合型の授業の実施」「紛争地域へのオンライン授業の配給」「3キャンパス合同のSDGs科目の公開」**など大学カリキュラムに関する提案、**「地元の中学生や高校生に理系科目に興味を持ってもらうためのプロジェクト」「18歳未満の地域の方に大学図書館を開放」「経済的理由で塾に通えない子どもたちのための学習ボランティア」「サイエンスカフェで地元の方と交流」**などの地域連携に関連した提案が続出しました。これらは大学の強みを活かした提案です。

提案は２０３０年までの達成を目指すものとして、今すぐに実行可能なものも含み、多岐にわたっていました。そして、学生は自信をもって問題解決にあたっていました。それは次のようなＯＰＰシートの記述からも分かります。

本当に提言書を提出したり、教職員にプレゼンをしたりしてみたい。紙に書いて終わりでは意味がない。実際に行動に移すことで、学生が大学を変えるという理想的な教育現場になると思う。現在の学生はそのような力が欠けていると他の講義で教わった。

中学校の「市長に提言」から大学の「ＳＤＧｓ未来予想図大学改造計画」まで、身の回りの状況を問題解決していこうとする姿勢こそが、シティズンシップの醸成につながると考えています。

＊1　**シティズンシップ教育**…よりよい社会を目指すために市民として参加し、その役割を果たせるようにする教育。日本では市民性教育とも言われている。

＊2　**中1ギャップ**…小学校6年生から中学校1年生に進級したときに起きる、環境や文化の違い、勉強や友人関係などによる心理的な変化のこと。

第7章

答えのない問いを立てる
―国際理解と問題解決の手法―

「答えのない問い」に挑戦させる授業に力を入れてきました。予測困難なVUCAの時代において、正解を求める問題解決の在り方には疑問を感じます。この活動には、自己肯定感を土台に、コミュニケーション、批判的思考、合意形成などの資質・能力が不可欠です。本章では、国際理解を中心として、「日本語丸ごと教室」「世界的人権活動家とのコラボレーション」「渡航の自由か邦人保護か」「ウクライナ侵攻」という4つの事例を紹介します。

国際理解のためのワークショップ

第1章では、「いいところ探し」のワークショップを紹介しました。公益財団法人武蔵野市国際交流協会（ＭＩＡ）から学んだワークショップには、この他にも、一枚の写真に語りかけながら想像力を養う「フォトランゲージ」、顔に丸シールを貼って仲間を探し、無意識の偏見を実感する「仲間探し」、新聞紙1部で一番高いタワーを作り、未知の問題に向けて協調を図る「新聞紙タワー」、与えられた道具と材料だけで商品を作り、貿易によって自国を豊かにする「貿易ゲーム」など、定番からオリジナルまで、数多くの事例があります。中学校現場に合うように、何度も試しながら修正を図っていました。第5章で紹介した「ダイヤモンドランキング」や「すごろくトーク」も、このワークショップが元になっています。これらのワークショップは、中学生だけではなく理系大学生向けにもアレンジ可能で、現在も大学の授業で取り入れています。

ＭＩＡは当時、国際理解教育や開発教育の理念と手法を使って[*1]、学校現場と国際社会や地域社会とをつなぐことを目的の一つとしていました。その手法の一つがワークショップだったのです。月に1回、小中高の先生方、国際ＮＧＯや地域ＮＰＯの方々、大学の先生方を交えて、ワークショップや授業づくりの実践を行っていました。全体のコーディネーター役はＭＩＡの故杉澤経子さん、理念的にリードしてくださったのは山西優二先生（早稲田大学名誉教授）です。夏の研修会では１００人以上の参加者が集まり、この取り組みは10年以上も続いたのでした。これも総合的な学習の時間の影響でしょう。総合的な学習の時間には教師の創意工夫が求められるので、ワークショップで学んだ理念と手法が大いに役立ったのです。

これらのワークショップでは、正解／不正解というはっきりとした答えはなく、学習者がそれぞれどのような学びをしたのか、そのプロセスを大切にしていました。そのため、活動（アクティビティ）の時間と同じくらい振り返り（リフレクション）の時間を取るのが一般的でした。第2章で紹介したように、私が早い段階で考察の時間を設けることにしたのも、この影響が大きいです。

ワークショップを成立させるには、コミュニケーション能力が不可欠です。それをどのように身に付けていけばいいのか考えているうちに、「自己肯定感」と「主体性」にたどり着いたといっても過言ではありません。
ＭＩＡのワークショップはあくまでも国際理解や多文化共生のための基礎的なアクティビティで、本章で紹介する問題解決のワークショップに移行するための布石となりました。

「日本語丸ごと教室」はＷｉｎ－Ｗｉｎの関係

そもそもＭＩＡに出向いたのは、地域の外国人の方を中学校にお呼びしたいという目的があったことは、第1章で述べた通りです。ＭＩＡの活動の中には、日本語を学ぶ外国人の方が大勢在籍している「日本語コース」があることを知り、中学校にゲストティーチャーとして招くことはできないかとお願いしたのです。

私　「地域に住む外国人の方との交流会を中学校で開きたいのですが」
担当「何のためにですか？」
私　「国際理解や多文化共生のためです」
担当「それは大きな目的ですね。それでは、こちらにはどのようなメリットがありますか？」

私　「なるほど。逆に、外国人の方は何が知りたいのでしょうか？」

担当の宮崎妙子さん（現在ＭＩＡ理事）は長年日本語の指導に従事しているベテランの先生で、単なる一方的なゲストとしてではなく、地域の外国人の方にもメリットがあってしかるべきというお考えでした。ゲストティーチャーを招く場合、教師は得てして「教えてもらう立場」でお願いすることが多いのですが、宮崎さんと打ち合わせをするうちに、「双方のメリットは何か」を探りながら、「共通の目的」を追究していくことが大切だと気付きました。

外国人の方からのリクエストは、全く想定外のものでした。

「日本の中学生は怖くないか」

「『起立』『気をつけ』『礼』『着席』を見てみたい」

「日本のお母さんの作るお弁当や学校給食はどのようなものか」

「自分の国は日本でどのように紹介されているのか」

その当時、参加予定者は日本人と結婚された女性の方が多く、日本の学校教育に関心が高いのも理解できました。

最初の交流会には二十数名の外国人が参加し、午前中から、お弁当や給食を挟んで5時間目まで活動を行いました。外国人の方からのリクエストは、生徒にも伝えておきました。グループごとに、学校自慢や校内の好きな場所、他学年が授業している様子の説明など、英語を交えて交流を図ります。もちろん、中学校2年生の英語力には限界がありますが、ボディランゲージを交えて行っているようでした。あるグループでは、校長室の前でこんなやりとりがされていました。

外国人　「この部屋は?」

生徒　「Top teacher Room（トップ・ティーチャー・ルーム）」

うなずいている外国人に、居合わせたボランティアの方が「Principal's Office（プリンシパルズ・オフィス）」と訂正してくれました。それでも、意味は通じたみたいだと生徒は大喜びです。

生徒は話す内容を事前に翻訳しておいたのですが、外国人からは想定外の質問が発せられます。型どおりではない回答が求められる中、生徒はコミュニケーションを楽しんでいる様子でした。「なぜ日本では授業の前に『礼』をするのか」という質問には、「感謝の気持ちを表す」「休み時間とのけじめを付ける」などと説明し、外国人は納得したようです。また、図書館の資料をもとに母国がどのように紹介されているかを説明したり、母国で数学の教師をしていた外国人の方と一次関数の問題を解き合ったりする姿も見られました。昼食の時間には、生徒のお弁当のおかずを少しずつもらいながら、日本の母親が普段どのようなお弁当を作っているのかに興味津々でした。このとき生徒は、ベジタリアンやヴィーガンの方など、宗教上の理由で食べられないものがあることを知ったのです。生徒なりに、国際理解を深めていったようです。

生徒「先生、１／８ってなんていうの？」

私「どうして？」

生徒「○○ちゃんが、ひいおじいさんがロシア人って言っていたの」

私「あまり言わないけれど、ワンエイスかセミクォーター？　またはミックスかな」

生徒「うちの学校にはハーフ、クォーター、ワンエイスの子もいるよ」

私「海外ではそんなことは当たり前で、名称で区別することはないいんだ」

生徒「そうなんだ。うちの学校はインターナショナルだね」

「日本語丸ごと教室」と命名したこの交流会は数年間続きました。双方のメリットを理解して、共通の目的を探った結果、「街で会ったらあいさつができる」ことを目指しました。このとき私は、「地域連携」の極意は、このＷｉｎ－Ｗｉｎの関係であると学んだのです。その後、学校外活動を行う際には、「する／される」という関係ではなく、Ｗｉｎ－Ｗｉｎの関係になることを徹底していきました。

世界的人権活動家とコラボレーション

ある日、一本の電話がありました。

「辻本さんのところで引き受けてくれませんか？」

ＭＩＡのワークショップ仲間で、フィリピンのスタディツアーなどに一緒に出かけた佐藤智彦先生からでした。それはインドの児童労働[*2]の撲滅を目指す世界的人権活動家カイラシュ・サティーアーティ氏の来日に伴い、小中高大で交流を図りたいという内容でした。

児童労働とは、18歳未満の子どもたちが強いられる危険で有害な労働のことを指し、就学を妨げるものです。サティーアーティ氏は１９８０年代より奴隷的な強制労働に従事させられた子どもたちを救い出して、教育を施すための活動を行っていました。国際ＮＧＯ

アムネスティジャパンを通じて、佐藤先生に依頼があったのですが、学校を異動したばかりだったため、私のもとに打診があったのです。

生徒は、世界で起こっている児童労働の問題を調べ、なぜそのような問題が起こるのか、そして何ができるのかを話し合い、交流に向けて準備を進めました。

前半は、立候補による選抜チームで日本の公立中学校の様子を紹介、昼食はインド料理店を経営している保護者にお願いしてベジタリアン料理を用意してもらい、後半は学年全体の講演会と質疑応答の時間としました。

生徒には、たとえ世界的人権活動家といえども、Ｗｉｎ－Ｗｉｎの関係でいこうと呼びかけました。しかし、サティーアーティ氏の何とも言えないオーラに、生徒たちが圧倒されていたのをよく覚えています。それでも、これまでの国際貢献の在り方を模索していた生徒たちは矢継ぎ早に質問をし、取材に来ていた記者たちを驚かせていました。その数日後、ＮＨＫ・ＢＳの番組で紹介され、武蔵野一中の生徒による質疑応答の場面が注目を浴びました。

その8年後、児童労働反対運動の功績が認められ、サティーアーティ氏は２０１４年ノーベル平和賞を受賞しました。テレビ報道では、あの交流会の様子の映像が流れ、驚いたものです。武蔵野一中に教育委員会からの問い合わせがあり、当時の私の勤務校にも連絡が来ました。この出来事は、公立中学校の底力を見せつけた結果となりました。

一緒に来日した同い年のマハトーさんと、昼休みに体育館でサッカーをしていた生徒の姿が印象に残っています。その当時、手縫いのサッカーボール生産の世界第1位がパキスタン、第2位がインドで、イギリスの植民地時代にその技術が伝わったことや、5歳の子どもがサッカーボールを縫う仕事を低賃金で請け負っていることなどを生徒は調べていたからです。欧米のメディアが、サッカーボール産業における児童労働の問題を指摘したことで、子どもたちの夢を奪うことがあってはならないと、サッカー界は児童労働防止に取り組んでいます。日韓ワールドカップの前年にもサティーアーティ氏が来日して、児童労働の現状を訴えたことを生徒も知っていました。

「渡航の自由」か「邦人保護」か

総合的な学習の時間の最後の授業は、その年のタイムリーな話題を取り上げるようにしていました。ある年は「イスラム国（Islamic State：略称ＩＳ）」を名乗る過激派武装組織の問題を取り上げました。ＩＳはパリで大規模なテロを起こし、１３０人の市民を殺害するなど、世界中を震撼させました。また、世界各地で人質事件を起こし、２人の日本人の尊い命も奪われました。

この衝撃的な事件について、生徒たちは受験期にもかかわらず、高い関心をもっていました。入試の模擬面接では、「気になるニュース」の質問に対して、多くの生徒がこの事件を挙げていたからです。これが、授業でＩＳを巡る問題に挑戦しようと思った理由の一つでした。

私は学年主任として、「少し難しいことに挑戦する」という学年目標を掲げていました。この目標は、「さとり世代」と呼ばれる当時の若者気質に端を発します。「インターネットを介した知識が豊富」「無駄な努力や衝突は避ける」「大きな夢や高望みがなく合理性を重視する」「打たれ弱い」「やたらと他人の目を気にし、他人に気を遣う」「気の合わない人とは付き合わない」など、無理せず挑戦したがらない世代に、ある種の危機感を覚えたのです。今のデジタルネイティブ[*3]やZ世代[*4]に通じるものだと思います。「少し難しいこと」とは、発達の最近接領域[*5]を意味します。それは、全く解決不可能な領域と、独力で解決可能な領域の間にある、他者からの援助があれば解決できるという領域のことです。教育はこの領域に働きかけることによって、最も効力を発揮すると言われています。つまり、仲間と一緒にやれば、できないことができるようになる可能性のことを意味します。

さて、話を戻します。ＩＳを巡る一連の事件は、難しい問題です。しかし、現実の世界から逃避したくないという思いから、無茶ぶりを承知で決行しました。そして、社会科の教員と話し合いながら、付箋やシールを使って生徒の意見を可視化できるワークショップ型の授業を計画したのです。詳細については、巻末の参考文献を参照してください。

ちょうどそのとき、ある日本人ジャーナリストのシリア渡航に関する事件が報道されていました。それは、ＩＳによる誘拐などの危険があるとして、日本政府が身柄の安全確保を理由にパスポートの返納を命じ、渡航を阻止したという事件でした。この事実をワークショップに取り入れるか否かで議論が続きました。政治的な判断が伴う問題の場合、学校現場では発達の段階を考慮したり、世論の動向や世間の目を気にして躊躇したりすることがあります。

個人の「渡航の自由」か、国の「邦人保護」かという二項対立は、生徒の批判的思考力を醸成させることができると判断しました。それは、この問題がモラルジレンマ[*6]（道徳的な価値の葛藤）に対して、コミュニケーションと討論によって解決していく授業になりうると考えていたからです。

そこで、認定NPO法人開発教育協会[*7]（DEAR）の八木亜紀子さんに相談したところ、「広くメディアに公開されている事件なので、もしグローバル・エクスプレス教材[*8]の作成前に事件が起こっていたなら、何らかの形で教材に取り入れたと思う」と意見をいただきました。そして、この授業の落としどころは「渡航の自由」か「邦人保護」かの討論にしようと決めたのでした。

ここで、授業の様子を簡単に紹介します。授業は4つのワークショップで構成し、ワーク1ではISを巡る問題をどのくらい知っているか、付箋を使ってグループ全員の共通理解を図りました。ワーク2ではISによる人質事件に対する識者や関係者の様々な意見について、共感できるものや違和感をもつものを選び、議論を行いました。次ページの図（上）は使用した共感・違和感分析シートの結果です。2つのグループを比較すると、全く違う結果になっていることが分かります。たとえば、共感できる意見として、当時の総理大臣（A）とそれと異なるNHK解説委員（K）の意見に分かれるなど、この問題の本質的な根深さを感じました。「テロリストたちを決して許さない。その罪を償わせるため

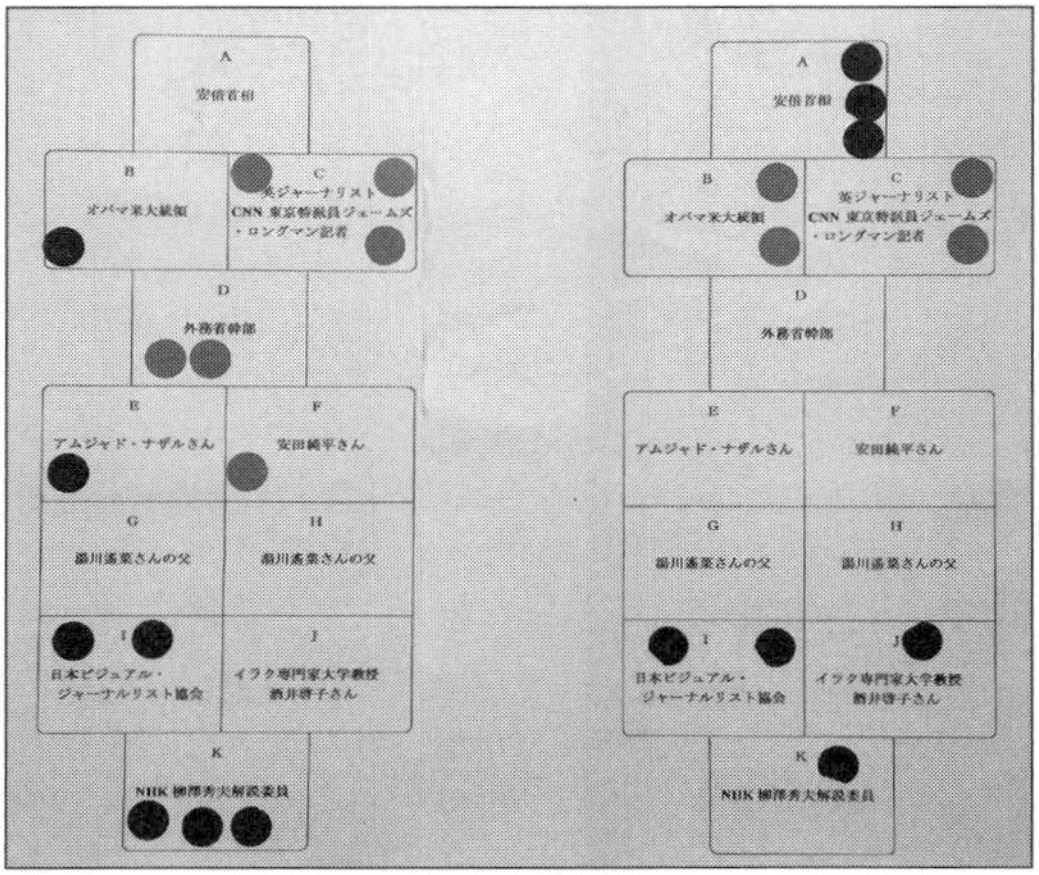

ワーク２　「様々な意見」への共感・違和感の分析

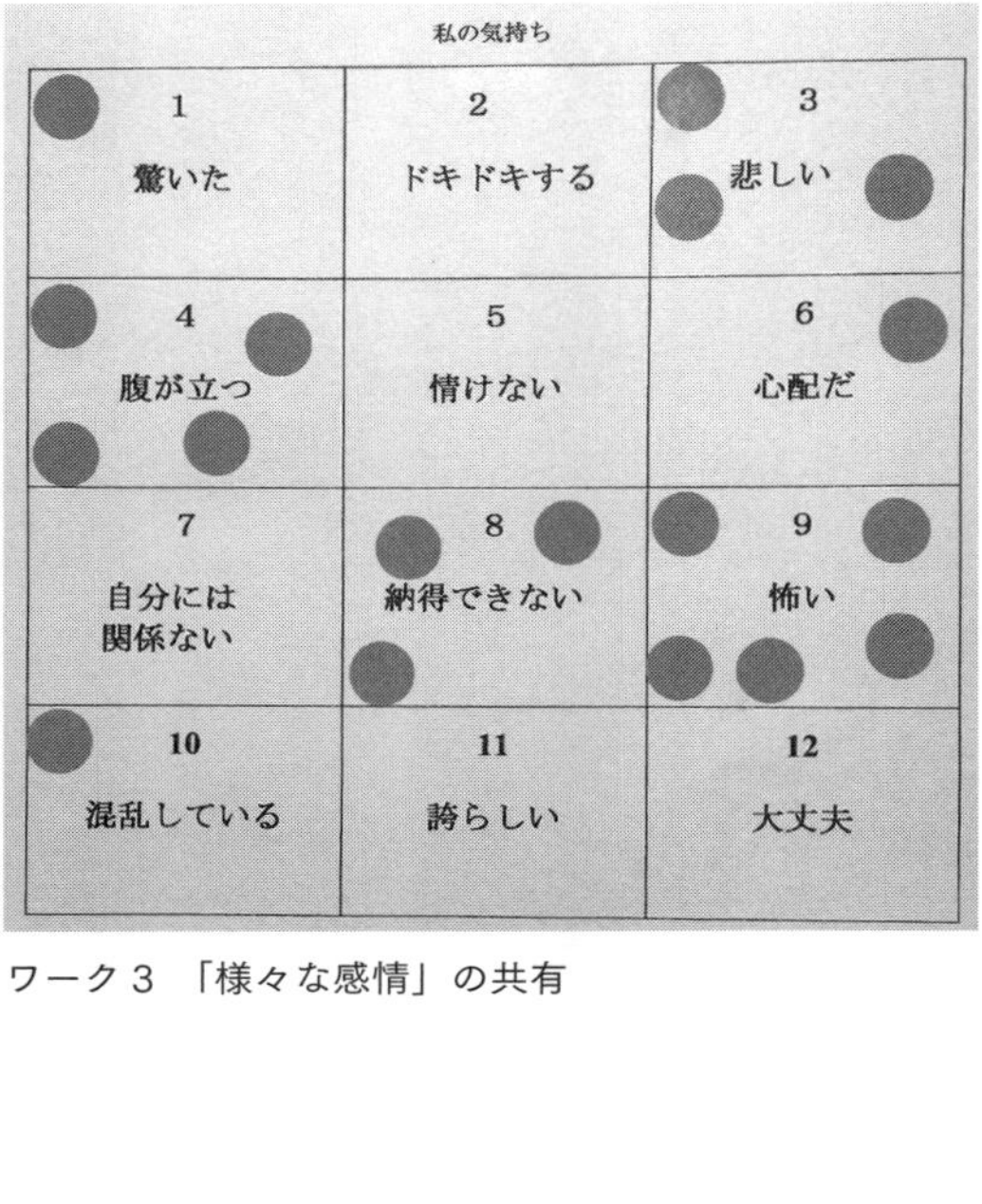

ワーク３　「様々な感情」の共有

に国際社会と連携する。日本がテロに屈することはない」との発言に対して「共感できる」「違和感がある、疑問だ」とグループの中でも意見が分かれたため、グループを越えて議論を促したのでした。さらに、ワーク３では、感情の中から自分の気持ちに近いものを３つ選び、説明しました。左ページの図（下）は、自分の気持ちに近い感情にシールを貼った様子です。その結果、「腹が立つ」「納得できない」「怖い」などの感情に多くシールが集まり、「自分には関係ない」「誇らしい」「情けない」「大丈夫」などは少なかったようです。しかし、この少数の意見に対しても「なぜ自分には関係ないと思ったのか」「何を根拠に誇らしいのか」「何が大丈夫なのか」など、どのような理由で選んだのかを話し合っていました。

最後に、ワーク４では「渡航の自由」か「邦人保護」かという２つの価値観をどのような根拠で判断していくかの集団討論です。次の文章は実際に使用したワーク４の課題です。

あるジャーナリストA氏がシリアに渡航する計画を立てた。外務省と警察庁は、過激派組織「イスラム国」などによる誘拐などの危険があるとして、渡航を自粛するよう、繰り返し説得した。A氏が応じなかったため、身柄の安全確保を理由にパスポートの返納を命じ、渡航を阻止した。「渡航の自由」か「邦人保護」か、20分間集団討論せよ。

ワーク4の課題は架空の話であると設定しましたが、多くの生徒は実際に起こった事件であることをニュースなどで知っていました。集団討論では、初めに賛成か反対かの意見を述べ、討論を開始します。「邦人保護は生命に関わることだ」「誘拐されたら、身代金などに莫大な税金が使われてしまう」「自己責任だ」「いや自己責任だけでは解決できない」「渡航の自由は憲法で保障されている」「ジャーナリズムの精神が失われる」「真実が伝わらないとテロリストが余計のさばる」など、互いの意見を交換しながら深い議論に発展していきました。

二項対立がテーマの場合、「自分の意見とは逆の立場に立って考えること」を徹底していたので、生徒の中には批判的思考を活かし、「真実か生命か」「自由か規範か」という本質を吟味する姿も見られました。終了時間になってもやめようとしないグループが続出したのです。最後まで議論をやめなかった二人のもとに、他の生徒が囲むように集まっていたのが印象的でした。

第6章のシティズンシップ教育と同様で、政治的な話題や思想信条に関わる内容をどのようにどこまで取り上げるか、教師の力量に関わるところが大きいと感じます。答えが出なくても、それを考えるプロセスがいかに大事かを学ぶきっかけになりました。

参観されていた他校の先生との雑談の中で、こんなやりとりがありました。

先生「最後まで議論していた生徒の偏差値は高いですよね」

私「偏差値ですか？　たぶん」

先生「私の学校にも偏差値の高い生徒はいますが、あのような議論はできないと思います。どうやって指導されたのですか？」

私「自己肯定感を高め、主体性を発揮できる場面を作っただけですよ」

こう誇らしげに断言したことを覚えています。このワークショップに挑戦した学年も、中学1年生の頃から自己肯定感や主体性を育むことに取り組んできたのです。二項対立の往還を通して必ずしも合意形成に至らなかったとしても、そのプロセスから本質に迫ることができると実感しました。

大学生が問いを立てる「ウクライナ侵攻」

周知のように、2022年2月にロシアによるウクライナへの軍事侵攻が始まりました。ロシア政府は特別軍事作戦と呼んでいますが、事実上の戦争状態になっています。大学の「総合的な学習の時間の指導法」の授業では、通常3時間をかけてカリキュラム開発や授業デザインを考えて、プレゼンと相互評価を行っていました。しかし、リアルな事例を前に、学生がどのようにこの問題を捉え、答えのない問いに立ち向かうのかを考えるようになったのです。4月に授業が始まってから、学生の問題解決における力量や状況に鑑みて、「これならいける」と判断し、7月に実施しました。

実施にあたって、一つ気になることがありました。それは、ロシア人クォーターの学生がいたからです。このセンシティブな問題を、本人がどのように考えているか気になっていました。そこで授業の合間に聞いてみました。

私　「ウクライナ侵攻をテーマにワークショップを考えているのだけど」

学生　「……」

私　「どちらが良い悪いというのではなく、事実や背景を踏まえて、解決策を探る授業を考えているんだ。人はなぜ戦争をするのかという本質に迫ってみたい。うちの学生がどのように考えているか知りたいんだ。どう思う？」

学生　「ぜひやってください。私も知りたいです」

この学生の「私も知りたい」という一言で、実施することを決めました。

このテーマですでに実践された教材を参考にしたり、様々な資料を取り寄せて学生向けにアレンジしたりして、授業をデザインしていきました。その結果、正解を求めるよりも、最適解や納得解を追究すること、さらに「問いを立てる」ことをメインにしようと考えました。理系の学生がどこまでこのテーマに迫れるか、この挑戦を楽しみにしている私がいました。

また、幸運にも、ウクライナからの避難民のＳさんを最終回のゲストに招くことができたのです。私の住んでいる地域がウクライナの避難民の方を多く受け入れていて、知人から紹介されたＳさんがたまたまキーウにある大学の医学部の学生さんでした。そうとは知らず自宅に招待したとき、この話になり、ゲスト参加を了承してもらったのです。

「ウクライナ侵攻―知る・知らせる・考える―」の授業デザイン

ウクライナ侵攻が始まって4か月以上が経ち、この問題をあらゆる角度から「知る、知らせる、考える」ことをテーマとして、ワークショップ型の授業を計画しました。

ねらいの1つ目は、ウクライナ、ロシア、国際社会、日本を巡る情勢に対して多様な視点をもち、正解のない問いを立てる資質・能力を育成することです。2つ目は政治、経済、科学技術など、幅広い分野にわたる課題や事象を対象に調査・研究を行い、結果を発表し解決策を提示することで、当事者意識の向上を図ることです。3つ目はワークショップそのものの組み立て方やファシリテーターの役割を学び、多様な問題解決の方法を習得することです。

また、授業の留意点として、「誰が悪い」「〇〇のせいだ」という一面的な結論に至らないように、現在の事象と歴史的背景や未来を踏まえて、時間的・空間的な視点で考えることで、ウクライナ、ロシア、国際社会、NATO、EU、関係国、そして日本の立場にも目を向けることを促していきました。その中で、情報の出所をはっきりさせ、ファクト

（事実）に基づき、多様なアクター（登場人物・関係機関など）の存在を読み取ることを徹底したのです。

いつものルールとしては、話をよく聴く（傾聴力）、立派なことは言わずに自分の言葉で話す、対話の原則として否定はしない、ＭＣを中心に双方向のやりとりを作り、合意形成を図る、これらのことを確認しながら進めました。

実際の授業は、次ページのスライドの順で展開していきました。

１時間目

まずはウクライナ侵攻や日本との関わりについて知っていることを付箋に書き出し、インターネットで深掘り検索をしながら、侵攻から１か月経った時点での新聞記事を読んだ感想なども共有します。これらの情報をもとに、今回の一番の目的である自分たちの問いを考えました。

その結果、学生はよく知っている人と全く興味がない人の二極に分かれました。「ロシアとウクライナは隣同士の国」というレベルから、「ウクライナ政権は市民革命により民主化が起こり、ロシアから欧米寄りに変わった」ことまで知っている学生もいました。歴史や地政学的な視点、ドローンを使った初めての戦闘、ロシア国内で起こった反対派のデ

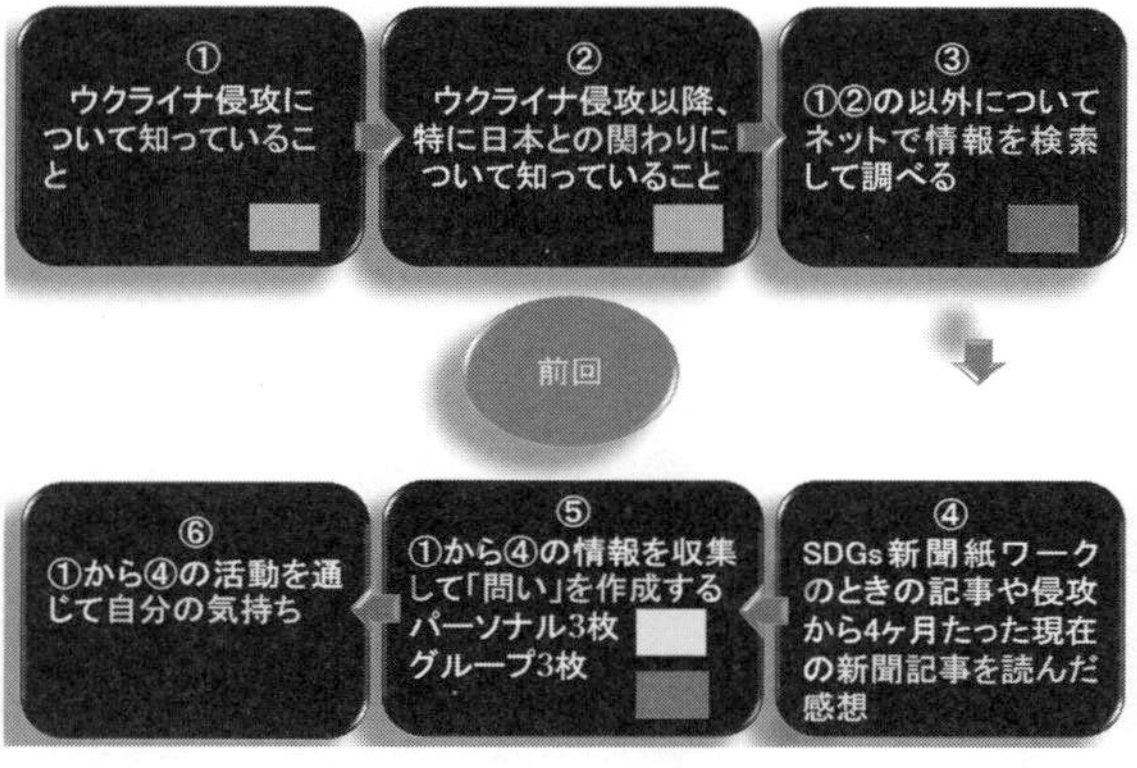
①
ウクライナ侵攻について知っていること
②
ウクライナ侵攻以降、特に日本との関わりについて知っていること
③
①②の以外についてネットで情報を検索して調べる
前回
⑥
①から④の活動を通じて自分の気持ち
⑤
①から④の情報を収集して「問い」を作成する
パーソナル3枚
グループ3枚
④
SDGs新聞紙ワークのときの記事や侵攻から4ケ月たった現在の新聞記事を読んだ感想

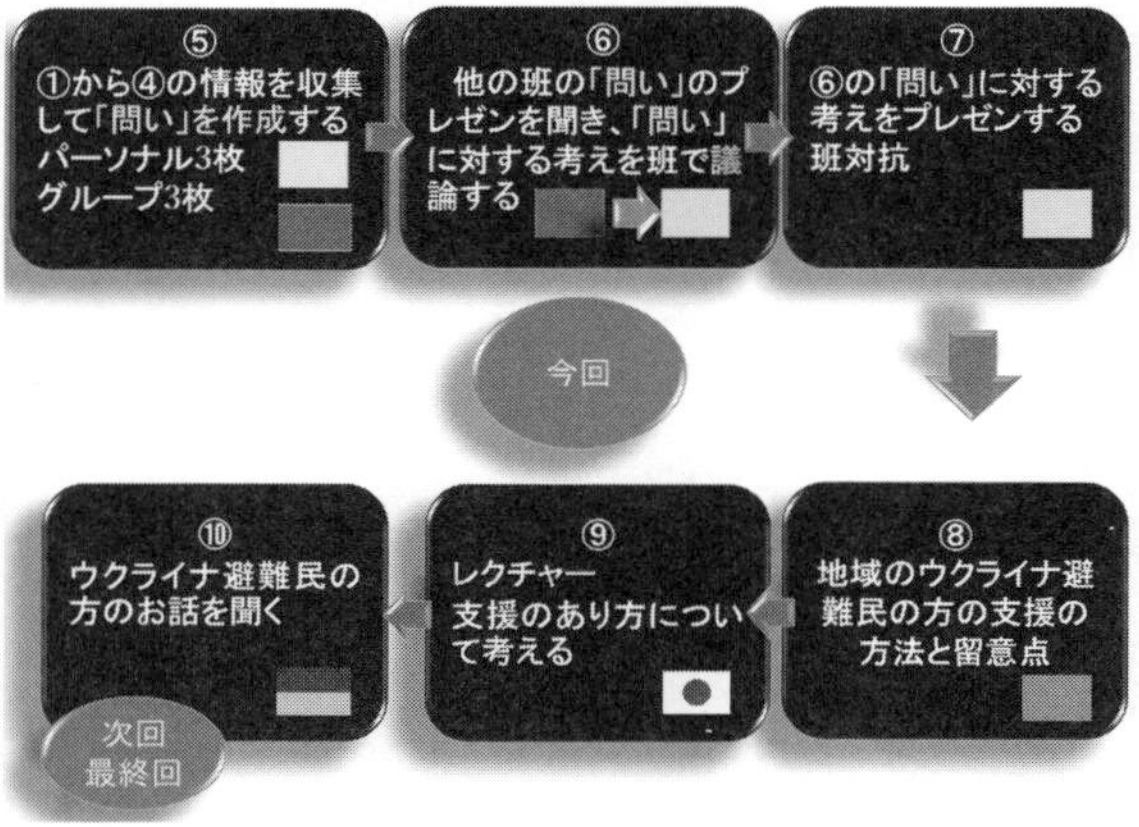
⑤
①から④の情報を収集して「問い」を作成する
パーソナル3枚
グループ3枚
⑥
他の班の「問い」のプレゼンを聞き、「問い」に対する考えを班で議論する
⑦
⑥の「問い」に対する考えをプレゼンする
班対抗
今回
⑩
ウクライナ避難民の方のお話を聞く
次回
最終回
⑨
レクチャー
支援のあり方について考える
⑧
地域のウクライナ避難民の方の支援の方法と留意点

モの弾圧、ウクライナの避難民の問題など、付箋紙を貼りながら共有していきました。また、自分の気持ちを12個の中から3つ選ぶワークショップでは、「心配だ」が圧倒的にトップで、次いで「怖い」「混乱している」が同数、「悲しい」「情けない」「納得できない」と続きました。

2時間目

他のグループと問いをプレゼンし合い、問いに対する最適解を考える議論を行いました。その結果を再びプレゼンし合いました。学生の考えた問いは、「いつ誰が戦争を終わらせるのか」「ロシアの国民は何ができるのか」「戦争が終わったあとの世界は?」「なぜ国のために戦えるのか」などです。「経済力の圧力でも駄目なら対話しかない」「対話が駄目なら武力か」「ロシア内部で崩壊を待つしかないのか」「双方でかなりの死傷者が出ている」「一方は市民、一方はロシアの若者だ」など、最適解や納得解すら出にくい様子でした。それでも、「国連はなぜうまく機能しないのか」「2014年のウクライナのオレンジ革命では何が起こったのか」「なぜ経済制裁はそんなに効いていないのか」「核の問題はどうなるのだろうか」「中国とロシアが接近したら台湾海峡で有事が起こる可能性はあるのか。そのとき日本はどうする?」など、新たな問いの発見に驚くばかりでした。最後は

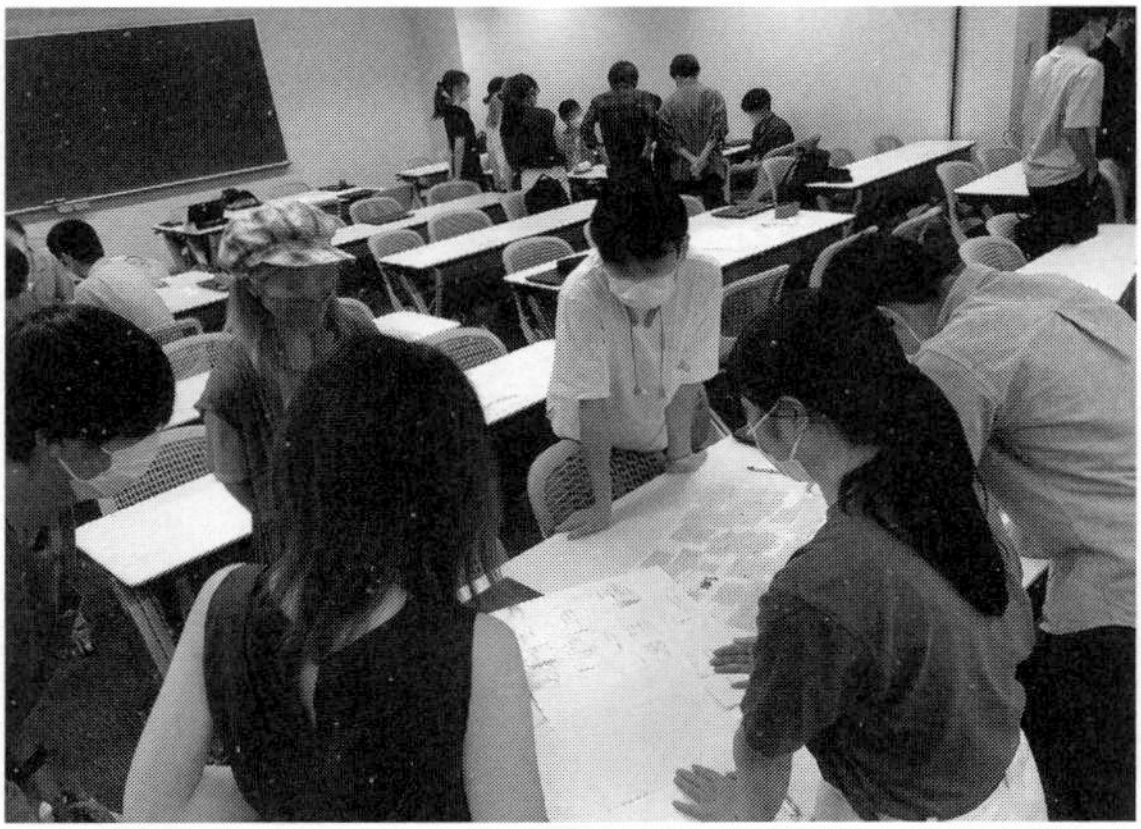

「なぜ人は戦争をするのだろうか」という本質的な問いにたどり着き、「避けるために何ができるか」という議論に持ち込むことができました。1時間目の付箋と見比べると、雲泥の差でした。

3時間目

ここでは当事者意識を高めるために、日本でウクライナの避難民の方をどのように受け入れ支援できるかを考えるワークショップを行いました。左ページのスライドがその資料です。付箋にまとめたものをプレゼンし合いながら、「支援してあげる」という上から目線では駄目だと気付いたようです。私のレクチャーでは、支援する前に「相手の立場になって考える」ことを伝え、身近な人と「平和」について考えることを求めました。

授業の途中からウクライナの避難民のSさんが

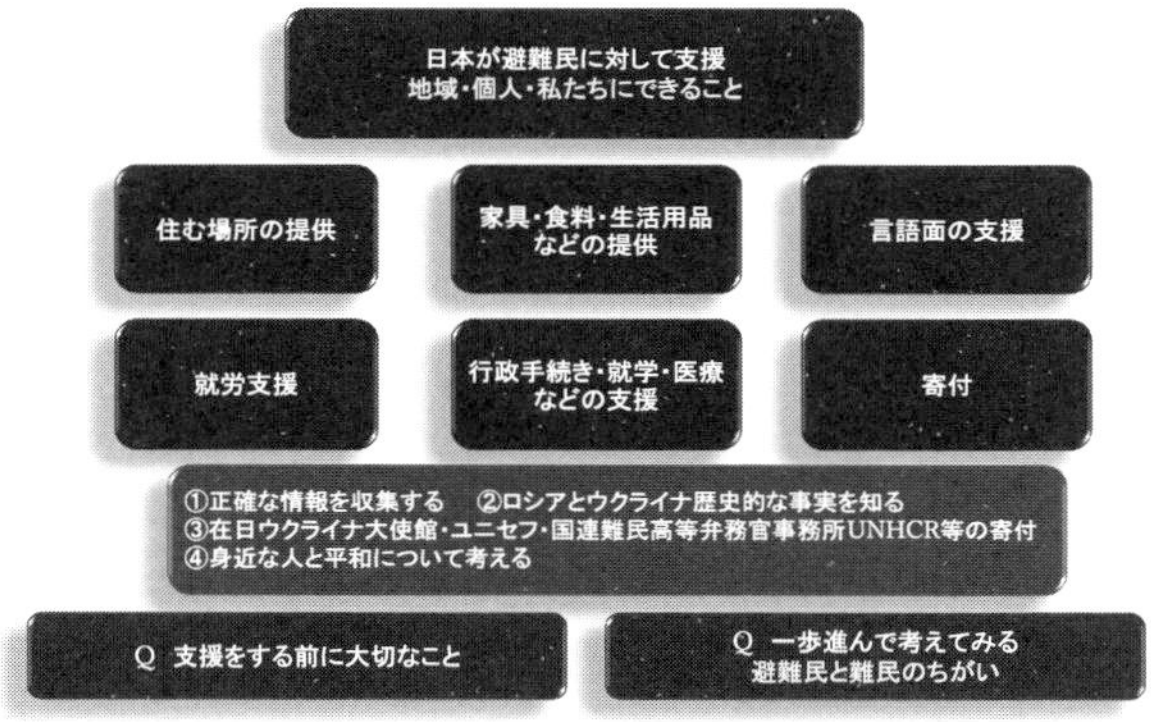

避難民の支援

登場して、避難するときのウクライナの状況や避難経路、日本での生活について、英語で話してもらいました。もちろん学生たちは興味津々です。キーウにある大学の医学部の学生、しかも20歳の同い年で日本が大好きな女性です。漫画やアニメの影響と思いきや、彼女は言語オタクで、特に日本の漢字が好きという理由で、日本を避難先に選んだそうです。

母語のウクライナ語はもちろん、ロシア語、ポーランド語、英語、ドイツ語はペラペラで、現在は日本語と中国語を勉強中だそうです。学生には「趣味は言語」と話し、プログラム言語「Python も」と言って笑いを取っていました。予想していた避難民のイメージと異なり、ポジティブに振る舞う彼女の姿に、学生たちは驚きを隠せな

い様子でした。
特に、ウクライナの腐敗した政権を覆したオレンジ革命を引き合いに出し、「なぜロシアの国民は立ち上がらないのか」と力強く語っていたのが印象的でした。文系理系問わず、政治に無関心と言われている日本の学生には強烈な一撃だったでしょう。「台湾有事や北朝鮮からの攻撃が起こったとき、日本の防衛は大丈夫なのだろうか？」という学生の質問に対して、「日本の政治システムはしっかりしているので大丈夫」と即答しました。政治の腐敗が国を滅ぼすことを、身をもって経験しているからこその発言です（一瞬、「日本の政治家は大丈夫なのか」と問いかけてみたくなりましたが）。授業終了後も懇談ができ、学生たちとＬＩＮＥ交換したり、日本のお菓子をもらっ

て喜んでいたりする姿は、どこにでもいる普通の大学生と同じでした。

このような実践を通じて、答えのない問いを立てながら、批判的思考を働かせ、最適解や納得解を導くことを、国際理解や開発教育を通じて学んでいったのです。ワークショップを通して、「問いを立てる」ことの理念と手法を学び、リアルな問題解決のアイディアが生まれました。

＊1　**開発教育**…1960年代、南北問題や国際協力などを理解するために欧米の国際協力NGOの間で提唱された。現在では、自分と地域や世界とのつながりを学び、公正で共に生きる地球社会づくりに参加するための教育活動となっている。

＊2　**児童労働**…世界には現在1億6000万人、子ども10人に1人が児童労働をしていると言われている（ユニセフ・ILO、2021年発表）。

＊3　**デジタルネイティブ**…生まれたときからデジタル技術に触れて、使いこなす人々。

＊4　**Z世代**…およそ1996年から2012年生まれで、インターネット、スマートフォン、SNSなどを日常の一部として積極的に使用している世代。定義には諸説ある。

＊5　**発達の最近接領域**…ロシアの心理学者ヴィゴツキーが提唱した理論で、誰かの力を借りれば一人でやった

ときよりも大きな成長が見込めるというもの。

＊6　モラルジレンマ…道徳的な価値観における複数の結論の間で悩み、葛藤すること。

＊7　認定NPO法人開発教育協会（DEAR）…南北問題・貧困・環境・紛争など、地球上で起こっている様々な問題の解決を図る教育活動を推進するNGO団体。

＊8　グローバル・エクスプレス教材…DEARによる時事問題を学ぶためのメディアリテラシー教材のこと。

第8章

面白いけど理科じゃない？
―トランスサイエンスを考える―

「科学は信用できない」、これは原発事故後に福島の先生が子どもから受けた言葉です。私はそれを聞き、科学的な根拠に基づく意思決定や判断する力の必要性を痛感しました。そして、トランスサイエンスに挑戦することになるのです。本章では、当初「面白いけど理科じゃない」と言われながらも、理科を学ぶ意義を再構築させた「震災ガレキの処理の問題」「遺伝子組み替え食品は必要か否か」など、5つの実践について紹介します。

理科は社会とどのように向き合うか

ある学会のシンポジウムで、「価値観の伴う理科の授業」というテーマの発表がありました。イギリスの理科教育からＳＴＳ（科学技術社会論）[*1]を日本に持ち込み、授業実験を試みた研究者の発表でした。附属高校の先生方との実践はうまくいかなかったそうです。その理由は、高校の先生方や生徒から「受験に役立たない」と言われたからだと言います。内容は確か「原子力発電の問題」や「妊娠前診断の是非」だったと思います。東日本大震災による福島第一原子力発電所の事故後の話です。

その発表を聞きながら、一緒に参加した友人が「手を挙げて発言しなよ」と目配せしてきたのです。私が「震災ガレキの処理の問題」をテーマに実践していたことを知っていたので、「一発ぶちかましたらどう？」と言いたそうでした。そこで、「中学生でも議論は成立し、深い学びにつながった」と発言したのです。シンポジウム終了後、多くの先生方に詰め寄られ、「どのように実践したのですか？」と質問攻めにあいました。

その頃、私の関心は「理科が社会とどのように向き合うか」という領域横断的な学びへと広がっていました。それは、学習指導要領で「社会に開かれた教育課程」が示される以前から意識していたことで、求められる資質・能力を育むために、理科教育の充実はもとより、各領域や他教科とのつながりを捉え、相互の横断を図ることが欠かせないと考えていました。さらに、ＳＴＥＡＭ教育[*2]やリベラルアーツ[*3]、文理融合など、現実的な社会の問題を論理的、批判的、創造的に解決する学びにおいて、理科教育がどのような役割を果たすかが問われているのではないかと考えていました。

常に変動し、不確実かつ複雑で曖昧な社会、いわゆるＶＵＣＡ時代[*4]に突入したと言われている昨今、領域や教科の枠組を超えた学びを具体化することがさらに求められてきていると言えます。

「科学は信用できない」

理科を学ぶ意義について再考するきっかけになったのが、東日本大震災による福島第一

『理科の教育』2012年3月号

原子力発電所の事故です。

第3章でも述べたように、疎開先の福島の子どもたちに向けられた「放射能がうつる」という発言に関する報道に触れ、教育に携わるものとして憂慮すべき事態であると思いました。そして、『理科の教育』の特集として、「東日本大震災から学ぶ」を企画しました。福島の先生方との座談会では、「原発が嫌いだ」「科学は信用できない」と子どもたちに言われたという先生方の困惑ぶりを目の当たりにしました。これが「理科を学ぶ意義とは何か」を問い直すきっかけとなりました。そして、理科の授業で「科学的な根拠に基づく意志決定や判断する能力の育成」の必要性を強く感じるようになったのです。

ＮＨＫの取材で「原発事故後の理科教育で放射線教育をどのように進めるか」と問われたときは、

「正直迷っている」と答えました。従来の理科の先生方が考える科学技術や環境問題のアプローチとは異なる、生徒が自分の考えをもって、正解のない問題解決に立ち向かう授業ができないかと模索していたからです。そして、ＮＨＫの大河内直人氏と共に議論を重ね、考えたのが「震災ガレキの処理の問題」をテーマとしたワークショップ型の授業でした。これが「面白いけれど理科じゃない」と言われた最初の授業です。明らかに従来の理科教育の枠組を超えたリアルな課題ではありましたが、科学的な根拠で社会の問題と向き合うことの大切さを実感してほしいという期待がありました。これを契機に、理科が社会と向き合う授業やその後に登場するＳＤＧｓの授業を考えるようになりました。「科学は信用できない」という子どもたちに、「科学を信じる心」を育てたいと率直に思ったのです。

これから紹介する事例には、いくつかの共通点があります。たとえば、オーセンティック（本物）な課題であること、インターネット検索から正当な情報を得ること、ロールプレイングで解決にあたること、合意形成を図る努力を行うことなどです。使用した手法はジグソー法とコンセンサス会議でした。詳細は、付録資料をご覧ください（巻末に「ダウンロードの手順」を掲載しています）。

震災ガレキの処理について考える

初めに福島第一原子力発電所の放射性物質の流出事故をテーマにしました。放射性物質が含まれているか分からない震災ガレキを受け入れるかどうかの判断をするという授業です。この議論では、情意的、政治的、経済的、科学的な根拠などに基づき、それぞれの価値観がぶつかり、判断を迫られます。「かわいそう」「市民の半数が反対している」「コストは誰が負担するのか」そして「放射線量の安全性は？」など、受け入れ先の市長役の生徒は、様々な根拠をもとにした話し合いを通して、受け入れるかどうかの判断をします。もちろん、各都市の意見や判断は分かれ、正解を見いだすことはできません。それでも判断した理由や根拠は示されました。社会には、科学で問うことはできても、科学だけでは解決できない諸問題があることを知るのです。

これまで日本の理科教育では、すでに確立された自然科学の知識や概念を、探究的な観察や実験を通じて正しく理解することや、日常生活や社会との関連性を踏まえて理解することに重きを置き、成果を上げてきました。しかし、理科の枠組を超えて、価値観が問われる現実的な社会の問題に向き合い、考えるような機会を設けてこなかったのではないかと感じたのです。

この授業は「面白いけど理科じゃない」「理科よりも総合的な学習の時間だ」とよく言われました。また、中学生に「科学的な根拠に基づく意思決定や判断する力」が身に付くのかという意見もありました。

しかし、私は心の中で、こう反論していました。「学びに理科や総合の境界線はあるのか」「科学的な根拠に基づく意思決定や判断する力は一体いつ身に付けるのか？ 大人になったら勝手に身に付いているのか？」

それでも、多くの生徒が「理科を学ぶ意味を感じた」「理科を通じて社会を見る授業は必要だ」と話してくれました。生徒の反響から、このようなトレーニングが必要だと確信したのです。今から十数年前の話です。そして、「面白いけど理科じゃない」と言われたことがきっかけで、自分の実践がトランスサイエンス[*5]と呼ばれる「科学で問うことができても、科学だけでは解決できない問題群や領域」を扱っていることに気付きました。

遺伝子組み換え食品について考える

次に「遺伝子組み換え食品は必要か否か」をテーマにしました。異なる関係諸機関の立場から賛否を明らかにして、調査や議論を進めるコンセンサス会議を開き、合意形成を図る授業です。はじめは遺伝子組み換え食品について否定的なイメージが優勢でした。「この技術の安全性の検証が必要だ」「安全と言われるが安心できない」などの意見もありました。一方、「世界の食糧不足の解消のために」「消費者が選択できるような工夫をして、この技術を生かすべきだ」などの肯定的な意見もあり、消費者の判断材料として二次元コードなどを商品に付けるというアイディアも提案されました。その結果、消費者個人が遺伝子組み換え食品の表示データを根拠に判断すべきだという合意形成が得られました。

また、大学でも同じ授業を行いましたが、遺伝子組み換え食品のインターネット上の信頼性は薄いが安全であるという確かなデータもないという分析や、植物工場で環境に影響しない仕組みをつくるという提案、更なる研究の推進が必要であるという意見が出まし

論点整理

それぞれの立場の論理的展開

①遺伝子組換えと農薬の安全性　（生物農薬）
②時間的・空間的な問題（日本と国際社会）
③理想と現実の問題（リスク&ベネフィット）
④SDGsの視点（飢餓・環境・つくる責任つかう責任）
⑤サイエンスの信頼度（発癌性のデータは怪しい）
⑥実際に害は出ていないVS安全性のデータもない（短期長期的研究）
⑦途上国で実験的に行っていいのか（格差社会）
⑧消費者の判断が重要となるのではないか（食品表示の問題）
⑨日本の場合は食料自給率から見て生産か輸入か（規制範囲）

提案　植物工場で農業を活性化させる　食品表示

た。さすがに理系の学生なので、「科学を信じる力」を発揮した議論になっていました。図の論点整理は大学で実施したときのものです。中学生の二次元コードのアイディアを大学生に紹介すると、驚きを隠せないようでした。

この授業について学会で発表した際、「ＰＩＳＡ型の学力を育成する授業だ」と賞賛を受けた一方、「答えがはっきりしない授業だ」「面白いけど理科じゃない」とまたしても言われたのです。この批判的な意見に感謝し、新たな授業構築に向かって行きました。

放射性廃棄物の処理を巡る葛藤

震災ガレキの問題を扱ってから、福島第一原子力発電所の事故を風化させてはいけないと考え、「放射性指定廃棄

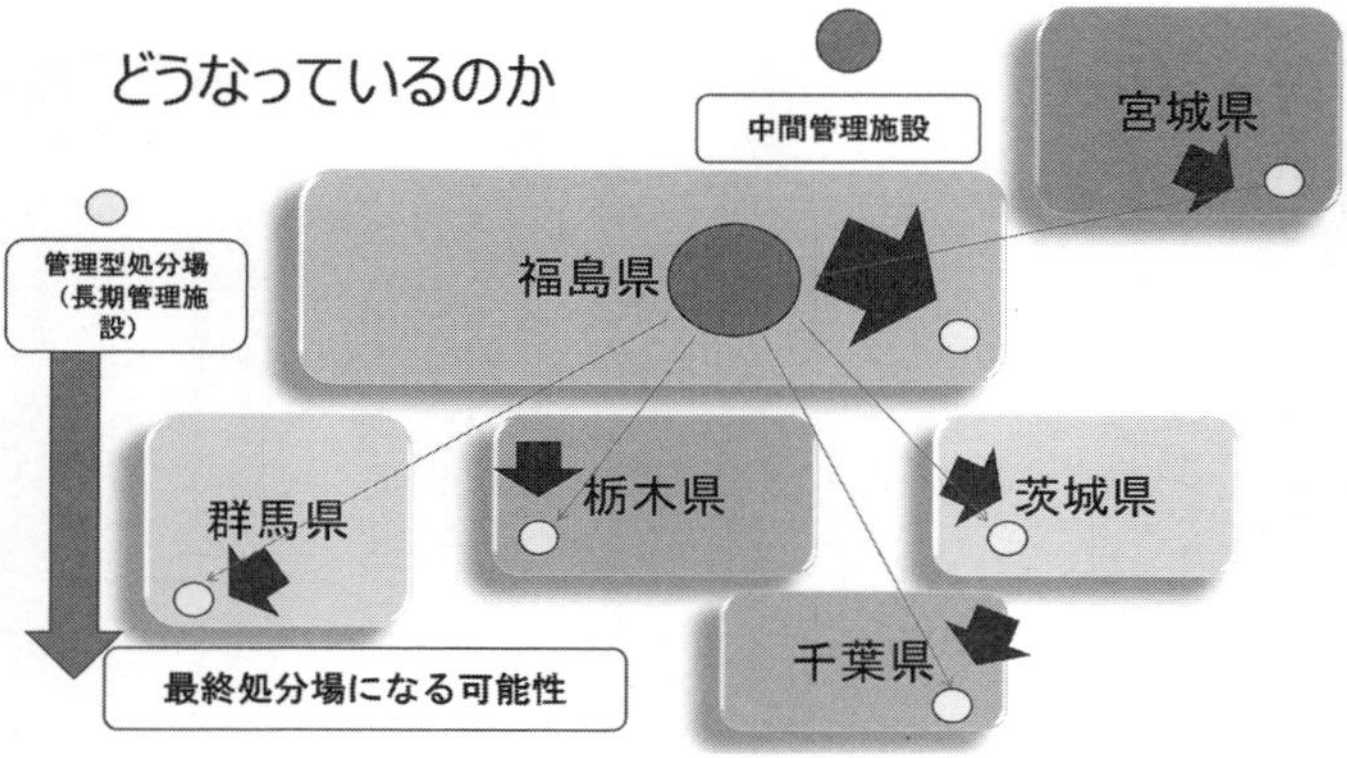

物の処理の問題」をテーマにした授業を計画しました。福島県は30年後の県外移設を条件に、指定廃棄物中間貯蔵施設を建設しました。しかし、その移設場所は現在でも決定していないという問題があります。この問題を授業で取り上げたのです。

福島の土壌汚染の場合、問題になる放射性セシウム137の半減期（放射能が弱くなるまでの期間）が30年であるという説明から始めました。「福島県」と「環境省」をそれぞれ担当するグループは、移設先を検討しお願いする立場として、他の候補地を担当するグループは、様々な問題を踏まえて受け入れるか否かを検討する立場として、議論が行われました。生徒は科学的な根拠に基づく安全性が大切であると述べる一方、風評による被害も大きな判断材料になることを知ります。最終的に、候補地のグループは、すべて受け入れ拒否という結果になりました。

また、時間とともに風化されるこの問題や、避難指定区域が現在も人の住めない状況であり、帰還を希望する住民が減少しているという実態も、授業を通じて知ることになったのです。さらに、議論の中で、汚染土の再利用の問題、トリチウムを含む処理水のタンク貯蔵限界と海洋放出の問題など、科学が社会と向き合う上での葛藤とリアルな価値判断が問われる授業となりました。

環境問題からウィズ・コロナまで

中１「身の回りの物質」、中３「生命の連続性」の最後の授業では、それぞれ「プラスチックの未来と環境問題」「ウィズ・コロナ」をテーマにしました。

前者は、プラスチックの授業後に「珈琲チェーン店の紙ストロー」「マイクロプラスチックの海洋汚染」「カーボンニュートラル」など、ＯＰＰＡの学習履歴をもとに、関心の高いキーワードを取り上げました。プラスチックが優れた材料であるがゆえに、二酸化

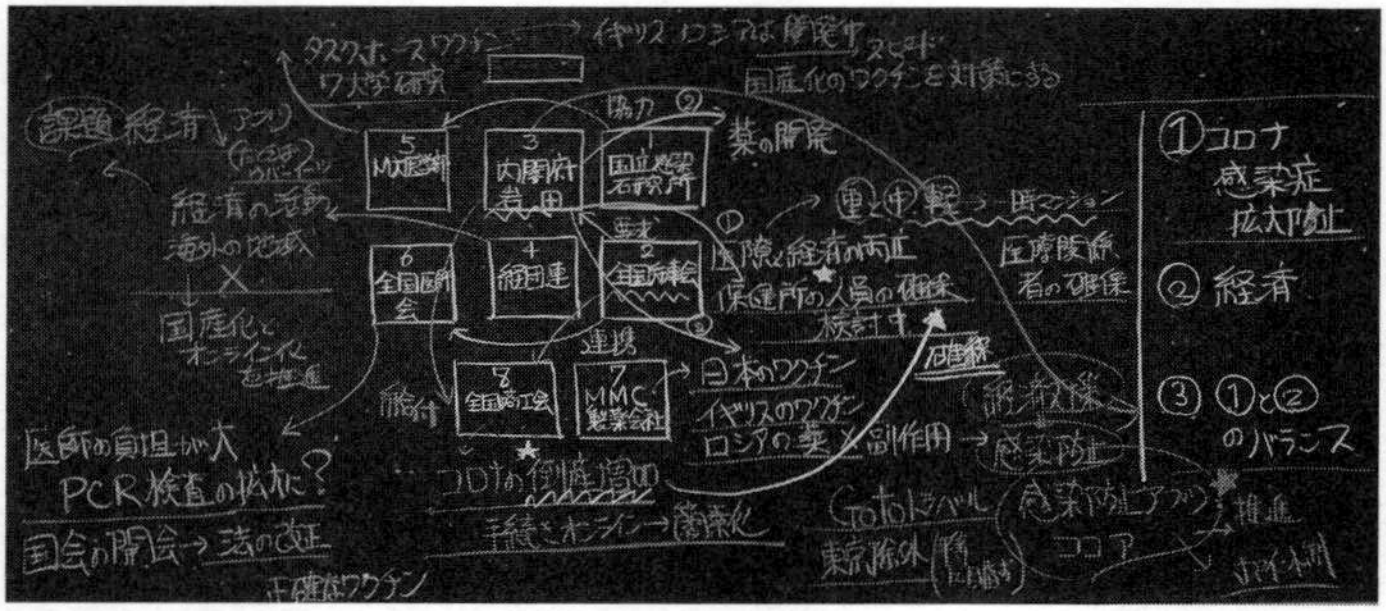

可視化されたウィズ・コロナの議論

炭素の排出や気候変動など、環境に負荷をかける原因でもあることを知ります。削減や代替プラスチックの開発などの提案がなされましたが、それが容易でないことも理解できたようです。その結果、身近な利便性（ベネフィット）と将来の危険性（リスク）を問う授業となりました。

後者は、生徒から「ウィズ・コロナ」でワークショップをしたいというリクエストがあったのです。中1のプラスチックの授業で自信をつけた生徒たちの「学びたい」という気持ちを尊重したいと思いました。生徒はそれぞれの立場で「感染防止か経済優先か」の二項対立を超えた人の生命に関わる議論を進め、最終的に内閣府役の生徒が「国産のワクチン開発を速やかに行う」と提言したのです。日本でワクチン接種が開始される一年前の話です。この授業でも科学技術の有用性が問われる学びとなりました。

「科学は信用できない」を問い直すことからスタートした私の実践は、理科を超えて、社会、政治、経済、倫理、情意などの要素を複合的に扱う授業となりました。「科学で問うことができても、科学だけでは解決できない問題群や領域」であるトランスサイエンスの理論を、授業を通して構築していたのです。

枠を超えて、社会と向き合う

トランスサイエンスと言うと何か難しい感じがするので、私は「理科が社会と向き合う授業」と呼んでいます。これらの授業を研修会等で紹介すると、「どのように行ったのですか？」と質問が寄せられますが、私は正直に「そう簡単ではありません」と答えます。教師の問題意識やモチベーション、ジグソー法やロールプレイングの手法、合意形成に至る議論の見取り、ファシリテーター力も必要です。しかし、一番大事なことは、生徒が自己肯定感を高め、主体性を発揮できる状況にあることです。逆に言うと、自己肯定感を高め、主体性を発揮することさえできれば、生徒は勝手に学び始め、教師はファシリテーターに徹することができるのです。

もちろんすべての授業をワークショップ型で行えるわけではなく、一斉授業やグループワークで、理科の基礎をしっかり学ぶことは言うまでもありません。その基礎を踏まえ、「理科が社会と向き合う授業」に取り組むからこそ、「学びに向かう力、人間性等」の非認知能力の側面を担う授業となるのではないでしょうか。自身の実践を顧みて、これまで以上に自己肯定感を育み、批判的思考を鍛え、合意形成のプロセスを学ぶトレーニングの必要性を感じています。そして、学習指導要領で資質・能力の育成が重視されるようになってから、「面白いけど理科じゃない」と言われることはなくなりました。

大学生の模擬授業でアップデート

教科教育法では、模擬授業が重要な役割を占めています。これまでに学んだ理論と実践をアウトプットする場でもあるからです。私の授業では、中高の理科の学習内容からテーマを決め、グループワークとＩＣＴを必ず取り入れて授業デザインを考えるように指導しています。模擬授業は比較的自由な形で行われ、学生同士の相互評価によるリフレクションを経て、最後に学習指導案としてまとめ、提出し、私が評価を行います。

先ほど述べたように、大学の授業でもトランスサイエンスに取り組んでいたので、学生は模擬授業でもトランスサイエンスに果敢に挑戦していました。ここでは、学生の模擬授業の様子を２つ紹介します。

まずは、「ＶＳコロナ！　レッツ専門家会議」と題した、高校の生物基礎で扱う「免疫抗体」や「遺伝子の転写・翻訳」[*6]を活用した模擬授業の様子です。「新型コロナウイルスのワクチンをどれにするか」という課題に対して、その有効性を評価するというグループワークでした。日本で使用されている新型コロナワクチンはｍＲＮＡワクチン[*7]（ファイザー、モデルナ）とウイルスベクターワクチン（アストラゼネカ）の２種類です。実は、ｍＲＮＡは「遺伝子の転写・翻訳」の学習内容で重要な役割を担う物質なのです。学習してきた科学的な知見をもとに、予防効果、感染リスク、副反応、保管方法、変異株の有効性、組み合わせ、実施状況、供給量などのデータから判断し、議論を行う授業でした。折しもｍＲＮＡワクチン技術の基礎となった研究がノーベル生理・医学賞を受賞[*8]したこともあって、専門家になりきって現実的なワクチンの選択を考えました。授業を行った生命機能学科の学生は、高校の生物基礎の授業でも十分行える、学ぶ必然性を感じてくれるだろうと振り返っていました。

次に、「殺虫剤を用いる実験は必要か否か」と題した、高校の生物で扱う「動物の神経の働き」の発展としての模擬授業の事例です。殺虫剤を使って昆虫を死滅させ神経伝達を調べる実験の意義を問う課題で、賛成と反対に分かれ、指定された論文をもとに議論を行うワークショップでした。つまり、研究開発のために「昆虫を死滅させていいものか」という生命倫理を問う内容です。実験で使われた昆虫はアゲハチョウであるという前提で、議論は進みました。

「きれいなチョウはダメでもガならいいのか?」「すべての生命は尊重されなければならない」「研究開発のための動物実験は最小限度必要だろう」「法律ではできるだけ苦痛を与えない、とある」「法律には保護動物とあるけれど、昆虫はどうなのか」など、多くの意見が出ました。

正解のない「科学と倫理の問題」であり、線引きは難しいでしょう。それでも、最適解や納得解を求めて、思考を働かせていました。授業を行った応用植物科学科の学生は、文具ノート「ジャポニカ学習帳」の表紙から一時期「昆虫が消えた」のは教師、子ども、親から「昆虫は気持ち悪い」という苦情が多数寄せられたからであるという話題を挙げ、「昆虫を忌み嫌うことは、自然保護にはつながらない」と憂いていました。

この他にも、外部形態や遺伝子によらない新しい生物の分類を考える授業や、「Dr. STONE（ドクターストーン）[*9]から学ぶ」として、科学と人類の在り方を問う授業など、私には思いつかない面白いアイディアが続出しました。

＊1　ＳＴＳ（科学技術社会論）…Science（科学）Technology（技術）Society（社会）の頭文字で、１９７０〜１９８０年代の欧米における新しい科学教育の形。

＊2　ＳＴＥＡＭ教育…Science（科学）Technology（技術）Engineering（工学）Art（芸術）Mathematics（数学）の５つの領域を融合させた教育理念。

＊3　リベラルアーツ…一般教養、人文・芸術・自然・社会科学などの分野の基礎を横断的に学ぶカリキュラム。

＊4　ＶＵＣＡ時代…Volatility（変動性）Uncertainty（不確実性）Complexity（複雑性）Ambiguity（曖昧性）の４つの頭文字をとり、予測困難な時代を意味する。

＊5　トランスサイエンス…アメリカの核物理学者 Alvin Weinberg が提唱した「科学で問うことはできるが、科学だけでは解決できない問題群や領域」を指す概念（１９７２）。

＊6　遺伝子の転写・翻訳…転写とは、DNAの中の遺伝子の配列をmRNA（メッセンジャーリボ核酸）へコピーすること。翻訳とは、mRNAへコピーされたアミノ酸配列に変換して、リボソームでアミノ酸をつなげてタンパク質を合成すること。
＊7　mRNA（メッセンジャーリボ核酸）…細胞のDNAのもつ遺伝情報をコピーし、タンパク質合成の場所に伝える役割をもっている物質。
＊8　ノーベル生理・医学賞を受賞…mRNAワクチンの開発の道を開いたカタリン・カリコ氏は2023年ノーベル生理・医学賞を受賞した。
＊9　Dr. STONE（ドクターストーン）…全人類が石化して数千年後、科学の力で文明や世界を取り戻すストーリーの漫画作品。アニメ化もされた。

第9章

デジタルネイティブの次の世代に向けて

教育DXの波が押し寄せる中、従来の教育の成功体験が通用しないのではないかという思いを強くしています。教育のフェーズが数段階上がっているのです。デジタルチルドレンが学齢期を迎え、私のような職人芸的な教師は凌駕されてしまうのではないかという危機感があります。しかし、まだ見えぬ世界でもあり、教育DXには課題も多く残されています。本章では、デジタルとアナログの往還から、新しい価値を見いだすためのメッセージを伝えます。

コロナ禍の緊急事態にこの一手

コロナウイルス感染防止のための措置として、全国の学校が一斉休校となった2020年3月、多くの学校が自宅学習に切り替えました。4月になっても感染者は増え続け、学校の再開は望めない状況でした。このままでは生徒の学びが止まってしまうと、誰もが危機感をもっていたはずです。同僚たちとは、こんなやりとりをしていました。

同僚「紙の課題提出がいつまで続くのかな」
同僚「塾などはオンラインに切り替えているよね」
同僚「経済格差が教育格差になってしまうのはマズくないですか？」
私　「どう考えても、リモートで授業を行わないと時間の無駄になってしまうね」

私の学校でも、紙の課題が3月末まで続けられました。しかし、ほとんど効果は感じられず、生徒も教師も「やらされ感」だけが残りました。致し方ないことだと思います。

新学期を迎えるにあたって、オンデマンド授業ができないものかと管理職と相談しました。空っぽの教室をスタジオにして、各教科の先生方が工夫を凝らした授業動画を作成してくれました。理科の場合は、教科書にある実験を撮影し、考察を促すような動画です。それらの動画をＹｏｕＴｕｂｅで配信したものの、効果はイマイチでした。一方通行の授業では生徒のモチベーションが上がりません。それは再生回数の少なさを見れば一目瞭然です。今思えば、人気の教育系ＹｏｕＴｕｂｅｒの動画を紹介した方がよっぽど効果的だったでしょう。

そこで、オンライン授業に活路を見いだしたのです。私自身はＩＣＴに精通しているわけではありませんが、40分間無料のＺＯＯＭを利用できないかと考えました。

まず、生徒会役員の生徒とネットでつながり、少しずつ輪を広げていき、最終的には学年のほぼ全員とつながることができました。オンライン授業の進め方やルールの確認から始まり、理科の学習内容をスライドにしたレクチャーや、ブレイクアウトルームを使ったグループワークも試してみました。オンラインでつながることで、生徒は学校で会えない友人と会話ができたことがうれしかったようです。自宅勤務を余儀なくされた教師も、生徒の様子を確認できたことで安堵しました。

はじめは「練習」と称して勝手に行っていましたが、文科大臣の「緊急事態なので、できるところから始めてよい」というお墨付きが出たので、管理職に報告し、インターネット環境の整備やパソコンの貸し出しも行うようにしました。おそらく、公立学校での独自のオンライン授業の試みは都内でも珍しかったのではないでしょうか。

その後、感染リスクを避けるため、徐々に分散登校へと移行していきました。生徒の半分は自宅学習が継続されます。教師の知恵を出し合いながら、どの教科でもオンライン授業ができるようにしていきました。

音楽教師「オンラインで歌のテストができるかな」

私「ピアノを弾いてもオンラインだと音が遅れてしまうね」

音楽教師「メトロノームを使って、アカペラにしたらどうだろうか」

このように、それぞれの教科に特有の課題もありましたが、工夫を凝らして乗り越えました。オンライン授業で、音楽の歌のテストもできたのです。

思いがけない効果としては、不登校の生徒が顔を出し、ふつうに授業に参加してくれたことです。登校することは難しくても、オンラインなら参加しやすかったのかもしれません。

当時、企業のバックアップがあったわけでもなく、私立のＩＣＴ先進校でもなかった公立中学校がここまでできたのは、「生徒の学びを止めてはいけない」という教師の心意気だったと思います。やがて、指導主事の視察や議会関係者のプレゼンを通じて、市内にオンライン授業のノウハウが広まったのでした。

生徒からは「分かりやすい」、保護者からは「ありがたい」と高評価のオンライン授業でしたが、少し斜に構えたところのある生徒は、こんな言葉を投げかけてきました。

生徒「オンライン授業って先生たちの自己満足でしょ」

私「自己満足だよ。それでも、何もないところから始めたのはすごくない？」

生徒「確かに。そこは認めるぜ」

彼らしい表現で褒めてくれました。こういうやりとりも「いいところ探し」の賜です。教師が主体性を発揮することが、生徒の学びにもつながっていくことを実感しました。

デジタルネイティブの次の世代

さて、そんなコロナ禍を経験して、ＧＩＧＡスクール構想[*1]が加速し、一人一台のパソコンやタブレットなどのデジタル端末が配付されることになりました。突然、降って湧いたような施策だったので、当初、学校現場では戸惑いと混乱が生じました。工夫してICTの実践を積み上げていく教師もいれば、チョーク&トークと呼ばれる座学を得意とする職人的な教師もいます。デジタルかアナログかという問いは、今もよく議論されています。デジタルによって授業が効率的・合理的になったと捉える一方で、これまでの授業で築き上げてきたアナログのよさを活かしたい、アナログでできることをあえてデジタルでやる意味があるのかという意見もあります。私は、この過渡期ではデジタルとアナログの二項対立ではなく、行ったり来たり揺らぎながら往還し、新しい価値を創造することが大切なのではないかと考えています。

デジタルネイティブと言われている10～20代の次の世代、つまり生まれたときからスマホやタブレットに慣れ親しんでいる子どもたちが、やがて入学してきます。いわゆる「デジタルチルドレン」です。もしかすると、お絵かきや積み木遊びよりも先に、フリックやスワイプを覚えるのかもしれません。学校教育におけるデジタルイノベーション、いわゆる教育DX（デジタルトランスフォーメーション）[*2]を起こす根拠の一つがここにあると思います。職人の域として教師を続けてきた私は、デジタルチルドレンを迎えるにあたり、アナログの成功体験だけでは悉く駆逐されるのではないか、これまでの実践も凌駕されるかもしれないという思いがあります。急激に変わる社会の中で、学校教育におけるＤＸの可能性と未来予想図を描き、その問題点を探りながら新しい価値を見いだしてみたいと思っているのです。

教育ＤＸのロードマップ

ＧＩＧＡスクール構想の次なる展開として示されているのが、教育ＤＸです。一つの解釈として、「主体性の発揮」と捉えることもできるのではないでしょうか。たとえば、子どもたちが自分の学びを自由にカスタマイズでき、教師はその学びの促進者、あるいは一緒に鼓舞する伴走者や改善を促す調整役として、学びそのものを変革することです。つまり、教師の役割を、ティーチャーからファシリテーター、コーチャー、コーディネーターへと切り替えるのです。それでは、簡単な教育ＤＸのロードマップを示したいと思います。

①端末を「文房具のように」使ってみる

子どもたちは、教師が思っている以上に自由自在に端末を操ることができ、むしろ教師が子どもたちから教わることも稀ではありません。また、これまでは人数や時間の関係で諦めていた活動が、デジタルを使うことで可能になり、授業内容を深めたり広げたりすることが可能になりました。端末を自由自在に「文房具のように」操ることは、学校の内外でいつでもどこでも誰とでも、学びたいときに学ぶことができる状態を指します。

②「学びのイノベーション」を考えてみる

これは子どもたちや教師が主体性を発揮する状況を指します。たとえば、教師は課題を提示、子どもたちは端末を使って課題に沿った「問い」を立てます。教師は価値ある「問い」を整理して、グループワークで共有、調査活動、観察や実験、話し合いによる考察などの活動を通じて、その様子を見取りながら学びを促進させます。これはまさに、第7章に登場した「大学生が問いを立てる『ウクライナ侵攻』」の授業のようです。また、優れた問いや議論、ポートフォリオのコメントなどをクラスに紹介して、共有を図ります。必要に応じて、不足している情報の提供やレクチャーによって補完します。子どもたちはグループの考察や結論のプレゼンを通して評価し合い、振り返りをデジタルの学習履歴として残します。

従来の探究活動を、端末を活用して「問いを立てる」「情報を共有する」「プレゼンを行う」「修正を行い、履歴に残す」などと工夫するだけで、デジタルとアナログのやりとりが有効に機能します。この往還を利用して、生徒が自分なりの問いを立て、先生がその問いを根拠に授業のデザインを行うこと、この状態が子どもたちも先生も主体性を発揮できる授業の一助になると思います。

③「教師の脱ワンオペ」を図ってみる

「ワンオペ」とはワンマン・オペレーションの略で、一人ですべての仕事をこなすことを意味します。ここで言う「教師の脱ワンオペ」とは、外部コンテンツとの連携を図ることを指します。小中高大の連携はもとより、地域や研究施設と協力して、学びを広げるシティズンシップ・サイエンス（市民科学）の考え方を導入してみてはどうでしょうか。たとえば、小・中学校の探究活動を大学や研究所に相談しながら進めたり、大学の研究のフィールドワークを小中高に依頼し、一緒にデータ収集を行ったりします。従来のイベント的活動もネットワークテクノロジーによって簡便化できるでしょう。

また、アプリなどを活用して、予習を前提とした反転学習に持ち込む授業はどうでしょうか。予習を嫌がる子どもたちでも、昨今のアプリはゲーム性が高いので、楽しく継続的に学べるでしょう。経済産業省の「未来の教室」プロジェクト（関係省庁と連携）でも、EdTech[*3]と呼ばれるデジタル技術を活用した教育イノベーションが推進されています。AI型教材もその一つです。これらのコンテンツの完成度には驚かされます。

一人一人の学びがカスタマイズされる時代、端末を自由自在に操り、子どもも先生もデジタルのよさを最大限に引き出すことが、次のフェーズへシフトさせることにつながります。「教師の脱ワンオペ」によって、授業や生徒たちとの関わりに十分な時間を充てること、教育DXはこれを可能にするのではないでしょうか。

今すぐできる「共有と履歴」

ロードマップはあくまでも長期的なスパンの話です。今すぐできる教育DXはないのでしょうか。それは、これまでも実践されている「共有と履歴」を使うことです。

たとえば、デジタルワークシートを「共有」したり「履歴」を残したりすることが挙げられます。デジタルワークシートは簡単にクラスで共有することができるため、個人やグループでの学びの可視化が促進されます。生徒自身がワークシートをカスタマイズすることも可能です。これまではホワイトボードなどを使って共有を図っていた先生方にとって、「時短」「大量のデータを集積できる」「可視化できる」「履歴が残せる」など、多くの利点を感じることでしょう。

また、「共有」として、YouTubeやSNSによる動画配信がおすすめです。学校現場のSNSの利活用は、生活指導上の問題や有害サイトの問題などで二の足を踏んでいるところですが、それを逆手に取って、デジタルシティズンシップを発揮すればきわめて有効なコンテンツになり得ると考えます。学校教育のガラパゴス化を阻止するために、SNSの利活用を進めたいものです。

最近は、動画編集アプリの進歩によって、直視した対象物の動きを何度でも観察できるようになりました。子どもたちが撮影した動画は、観察や実験の振り返りそのものです。15分の動画を1分以内に編集する作業を通じて、どこが重要なのか、どこに焦点化させるのかを考察させることができます。動画のデータ容量が大きい場合、二次元コードにして共有するとよいでしょう。

YouTubeで発信する際、限定公開にして二次利用の制限を行えば、URLを知っている人だけに共有できます。また、ZOOMを使えば北海道から沖縄まで全国の学校と交流ができ、作成した動画を画面共有することも可能です。観察実験や自由研究にとどまらず、地域の環境や防災などの学びを共有し、発信することもできるでしょう。各学校が独自の学びを全国に発信することになります。動画配信は従来の探究活動の発信力とは圧倒的に異なります。それは、クラスや仲間同士にとどまらず、保護者や地域、もっと大きく言うのならば世界へ発信する可能性を秘めているからです。

さらに、「履歴」として、デジタルポートフォリオによる学習履歴の活用はどうでしょうか。

コロナ禍のオンライン授業に対応するため、第5章で紹介したOPPAでは、エクセルなどを使ったデジタルOPPシートに移行した先生方も少なくありません。ところが、一枚の紙で学びを概観して見取れるアナログに対して、デジタルはスクロールしなければならず、OPPAの特徴である学びの俯瞰性が失われる危険性があります。学びを何回も振り返ることで概念形成の一助になっていた機能が損なわれるのは看過できません。

そこで、単元の終了後、デジタルOPPシートを、AIテキストマイニング[*4]で自己分析

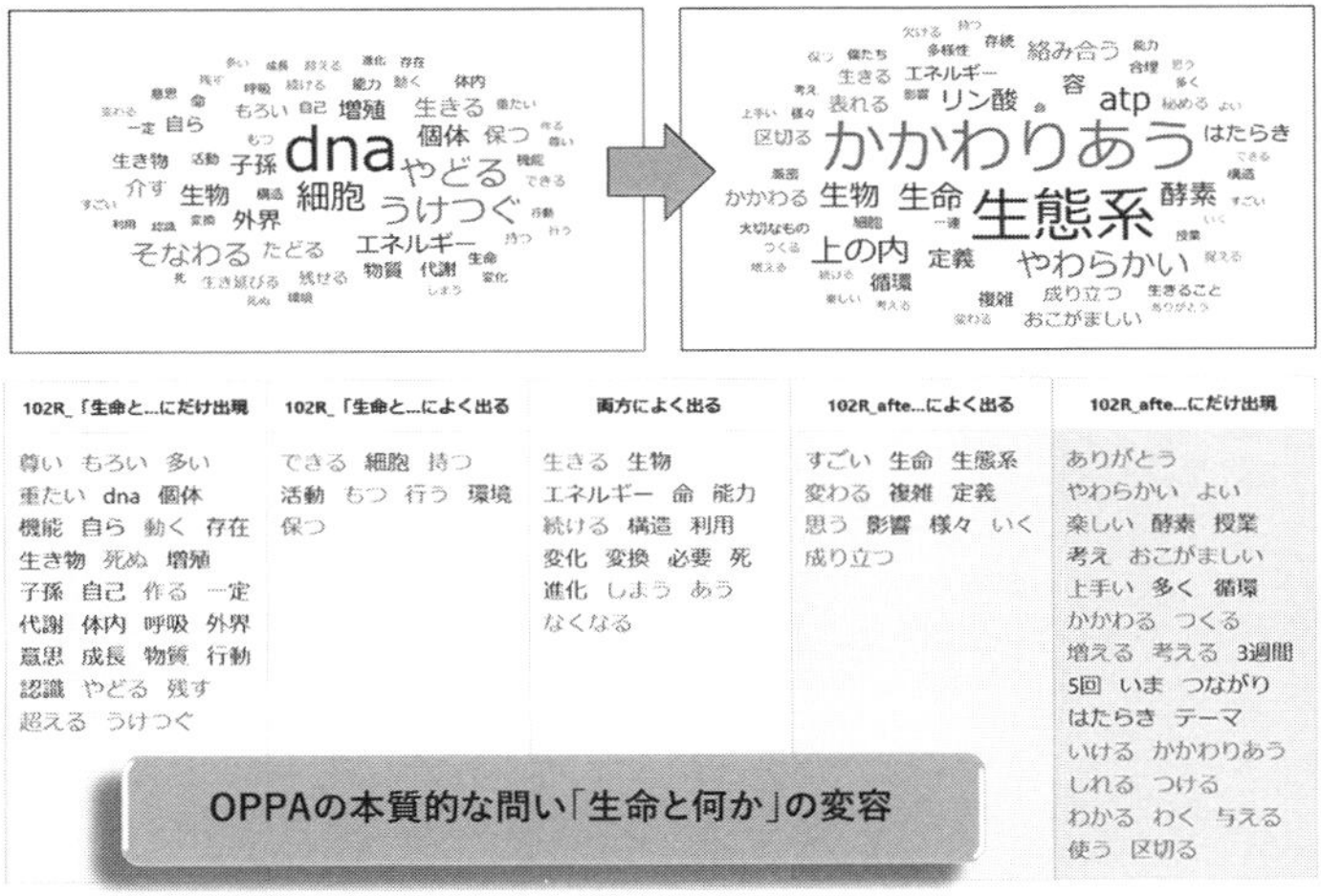

することにしました。一瞬で振り返りに必要な情報を得ることができます。また、教師もＯＰＰシートの学習前・後の本質的な問いに対する回答をＡＩテキストマイニングで分析・比較すると、授業を通じて子どもたちの変容の情報を得ることができます。つまり、この情報をもとに学習改善や授業改善を促すことができるのです。

上の図は高校生物のある単元の授業で、ＯＰＰシートの学習前・後の本質的な問い「生命とは何か」に対する生徒全員分の回答を、ＡＩを使って分析した結果です。学習前はミクロな視点の記述が多く見られましたが、学習後はマクロな視点の記述に変容していることが見取れます。あくまでもＡＩの分析結果ですが、これをもとに生徒自身や教師が解釈するので、授業の振り返りとしては十分です。少し練習も必要ですが、生徒たちにとって、それほど大変な作業ではないようです。

また、この「生命とは何か」という本質的な問いを、小中高の共通のテーマとして連続的に設定してみてはどうかと考えています。小中高の連携を図り、クラウド上にアップさえすれば、過去にどのような学びをしていたのか、学びがどのように進化したかを子どもたち自身で見取ることができます。これこそ、学習履歴のＤＸと言えるのではないでしょうか。

生成ＡＩの衝撃

驚愕のＡＩ（人工知能）と言われているＣｈａｔＧＰＴは、教育の分野にも押し寄せてきています。ＣｈａｔＧＰＴを学校教育に取り入れるか否か、またどのように取り入れるのかという議論が巻き起こる中、私はＡＩと学習者の対話によって、ウォーミングアップや振り返りをするという授業を構想しています。

予習して問いを立ててから授業に望む反転学習や、グループワークで合意形成された納得解とＡＩとの対話から得られた最適解を比較する学習などを大学の授業で実践していま す。ＣｈａｔＧＰＴは、時々間違いやバグも発生しますが、質問の仕方を変えたり、間違いを指摘したりすると、ＡＩが勝手に学習して修正するので驚きます。授業では少なくとも3ラリーは対話を続けることとします。「小学校5年生にも分かるように」「大事な点を3つ教えて」などと呼びかけると、ＡＩがそのレベルに合った回答を箇条書きにしてくれるのです。

理科では、ＣｈａｔＧＰＴとの対話をもとに課題や予想を探り、実際に観察や実験を行い、考察から結論を導き、新たな問いを立てて、再びＡＩと対話してアイディアを見つけるという流れが可能です。自宅でも学校でも、対話による学びの循環が生まれてくるでしょう。このように問いを立ててアイディアを発見することが、理科授業のイノベーションにつながっていくのです。

鉄腕アトムの世界と未来予想図

ここで、未来の教育に向けてアイディアを探るために、少し妄想をしてみたいと思います。サイエンスはエビデンスベースでアイディアが生まれてくるものですが、未来を妄想することによって、思わぬアイディアが生まれてくることもあります。それは昭和のSF漫画「鉄腕アトム」の世界が、令和の今ではことごとく実装されていることからも分かります。

左の図は、トリーズ[*5]と呼ばれる問題解決のための方法に基づいて、「評価に関するDX」を考えたマトリクスです。横軸に時系列、縦軸に3つの視点を示しています。「マクロ」の視点で考えると、教育DXが進めば、正解を求めること↓最適解や納得解↓自分で問いを立てることへと移行します。「システム」の視点で考えると、テストやレポート↓ポートフォリオやパフォーマンス↓AI分析へと移行します。そして、「ミクロ」の視点で考えると、評価基準の設定↓学びの見取りによる授業改善や学習改善につなげるアセスメン

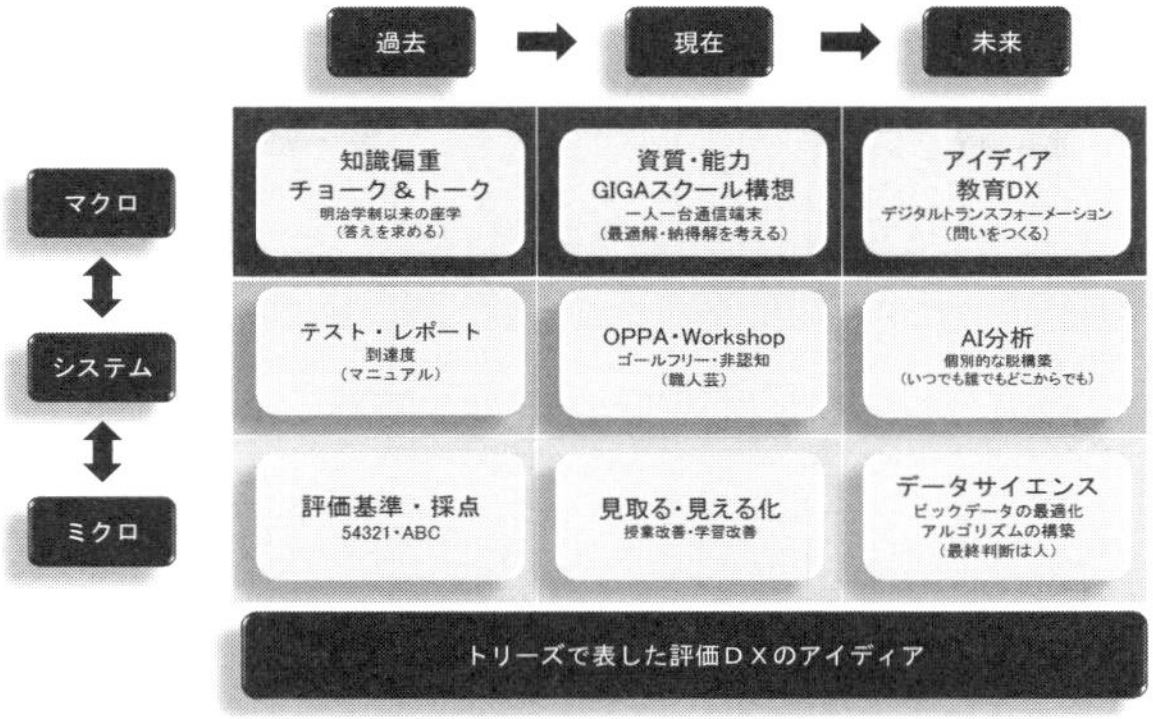

トリーズで表した評価 DX のアイディア

ト↓データサイエンスによる最適化を図りつつ、最終判断は人が決定する形へと移行するというものです。あくまでも私の評価に関する考えや妄想を示したものですが、未来を創造するヒントにはなるのではないかと思います。

そんなに急いでどこへ行く

デジタルチルドレンたちを迎えるにあたり、教育ＤＸを進める必要がある一方、留意点や心配事もたくさんあります。

たとえば、牛丼屋のキャッチコピー「はやい、うまい、やすい」と同様に、教育ＤＸによるファストな授業では「早い、正確、簡単」であることが、無意識のうちに求められてしまいます。デジタルは合理的・効率的であるがゆえに、本来の主体性が育たない、必要な情報しか求めなくなる、様々なノイズからの学びや雑談からのアイディアも乏しくなるなどの懸念もあります。子どもたちの学びを丁寧に見取ることをせずに、デジタル化された手順で授業を進めてしまう危険性もあるのではないでしょうか。

また、スマホ依存性に関する脳科学の研究から、ワーキングメモリー(作業領域)の縮小やドーパミンの放出による集中力の低下が指摘されていることが、端末でも起こりうる可能性があります。近未来には、メタバース、[*6] VR、ARなど、リアルとバーチャルの世界の交差による、心身に対する負荷をどうするかという問題もあります。

さらにDXが進むと、できるものはよりできるように、そうでないものは取り残されるという心配もつきまといます。いわゆるデジタル格差の問題です。デジタルの情報をもった強者のみが生き残る社会も指摘されています。教育に携わる者として、勝ち組負け組のような分断を容認する教育DXではなく、むしろ支援の必要とする子どもたちのための教育DXが大切であると考えます。学習に遅れ気味、学校に馴染めない、居場所がないなどの困難を抱えた子どもたちが共に生きやすくなるような教育DXが必要なのではないでしょうか。
「そんなに急いでどこへ行く」とつぶやきながら、私自身もデジタルネイティブな若い先生方から学んでいく立場だと思っています。

大学生から学ぶファストな思考

先ほど教育DXによる授業を「ファスト」と言い切りました。これは雑談会の学生ASさんからの影響で、彼曰く「われわれのようなZ世代に限らず、ファストな考え方は社会現象になりつつある」と言うのです。

AS「たとえば、流行りの映画や音楽、小説だっていきなり『さび』から入りますよ」
私「そうなんだ」
AS「YouTubeだって早送りで見るし、TikTokだってファストです」
私「ドラマが終わって、CMなしにいきなり報道番組がスタートするのもそうか」
AS「最近の知識や教養はYouTubeの要約でインプットしています」

たしかに、時短、コスパ、タイパ（タイムパフォーマンス）など、ファストな現象が至るところで見られます。私自身もスマホで一発検索し、ＣｈａｔＧＰＴで対話、新聞やテレビよりも先にネットニュースを閲覧しているわけです。

あくまでも流行りなので振り切れれば元に戻ると思いつつ、ファストな考え方を少しだけ試してみました。

たとえば、研修会の講師を務めたときには、アイスブレイキングをやめて、いきなり本題から入るようにしたり、大学の授業でも余計な前置きをせず、いきなりワークショップに突入したりしました。そもそもファストは「速い」という意味ですから、限られた時間の中では、導入の割愛だけでも効果的で、この「いきなり」感がファストに慣れた参加者や学生にとっては心地よいようです。

しかし、ファストな考え方を、全体に広げようとは思いませんでした。これまで大切にしてきた問題解決の場面では、論理的で批判的な思考による意思決定や判断が不可欠だからです。たしかに、時短を優先するファストな授業は、テンポもよく、それでいて情報を効率的に、直感的に学べるのが魅力です。直感的な思考を働かせることはとても大事で、主体性を発揮する第一歩とも言えます。ところが、表層的な思考にはどうしても慢心が生まれるため、バイアスがかかり、他を受け入れない傾向も見られます。真に主体性を発揮するには、やはり論理的で批判的な思考が不可欠で、それには時間がかかるのです。つまり、遅い思考、スローな考え方が必要となるのです。

心理学では直感的な思考を「ファスト思考[*8]」、論理的で批判的な思考を「スロー思考」と呼んでいるようです。最近の研究でも、学習や経験で学んだことよりも直感的なファスト思考の方が影響力は強いことが分かったそうです。スロー思考の方が考える時間が長いので、脳が疲れて苦痛を伴うため、人は楽なファスト思考を優先すると言われているのです。

これがファストな考え方の一因であると思います。自分の評判のよかった授業を振り返ってみると、直感的な発想を大切にしながら、理論的で批判的な思考を深めていくことを追究していました。

そして、さらにもう一つ別の思考があることに気付いたのです。うまく表現できませんが、雑談的な思考というかリラックスした思考、遊びのようなゆるゆるとした思考です。特に、問題解決の場面ではどうしても脳が疲れてしまい、他者との対話を通して合意形成に至らないのです。そんなときは「ゆるゆるいこう」と雑談をしたり、サイエンスマジックを行って和ませたりしています。その結果、ゆるい思考によって思わぬアイディアが生まれてくることが多いようです。

私は主体性を「アウトプットして、枠を超え、アイディアを生む」ことと捉えているので、ファスト思考、スロー思考、ゆるゆる思考を柔軟に組み合わせて、「学びと遊び」を混在させながら、今のところは授業をデザインしています。ファストとスローの関係は、デジタルとアナログにも通じるものがあるでしょう。教育DXを考えるとき、さらに遊びの要素を加えていくことが、デジタルネイティブの次の世代を迎えるにあたって大切なことであると考えています。

＊1　GIGAスクール構想…全国の児童生徒に一人一台のコンピューターと高速ネットワークを整備する文部科学省の施策（2019）。GIGAはGlobal and Innovation Gateway for All の頭文字をとった用語。

＊2　教育DX（デジタルトランスフォーメーション）…デジタルテクノロジーを活用することで、これまでの教育の手法を変革させること。

＊3　EdTech…Education（教育）×Technology（技術）を組み合わせた造語。教育にイノベーションを起こすビジネスやサービスの総称。

＊4　AIテキストマイニング…ＡＩがテキストを単語や文節で区切り、相関や傾向、時系列などを解析して有用な情報を取り出す方法。

＊5　トリーズ（TRIZ）…「発明的問題解決理論」を意味するロシア語の頭文字に由来。旧ソ連で研究された、革新的な問題解決のための発想や着眼点、思考のプロセスを体系化した理論を指す。

＊6　メタバース…インターネット上の仮想空間。ＶＲは仮想現実、ＡＲは拡張現実をつくり出す技術を指す。東京大学がメタバース工学部を設立させたことにより認知度が上がった。

＊7　ファスト思考…心理学者にしてノーベル経済学賞（２００２）を受賞したダニエル・カーネマンが提唱する思考パターンの一つ。ファスト思考（直感的）とスロー思考（論理的）で、脳の習性を解き明かした。

エピローグ

「枠を超えよ」に込めた思い

実のところ、当初は『公立中学校の一教師が大学で教えたら』というタイトルを予定していました。エッセイを書くような軽い気持ちで始めたのです。その後、編集者から『枠を超えよ』というタイトルはどうですかと提案されました。決められている枠を超えて、新しいものを生みだすことこそ、この本のもっとも強いメッセージだということでしょう。

それでは、本書における「枠を超えよ」とはいかなるものでしょうか。

哉さんとの編集作業は、理科教育を本格的に学ぶ原動力となりました。

本書の舞台になった武蔵野市立第一中学校や第五中学校の先生方や教え子の皆さん、法政大学教職課程センター同僚の田神仁先生、齋藤道先生、教職課程の卒業生や院生、学生の秋山浩一朗さん、浅岡草太郎さん、齋藤龍之介さん、田中音音さん、宇部陽菜さん、盛林延能さん、平野里歩さん、尾高直生さん、遠藤桜菜さん、藤原優花さん、上田彩さん、内田雅樹さんなどに、この場を借りて感謝申し上げます。

「エッセイのようなものはどうですか？」と編集者の上野絵美さんに口説かれ、本書は始まりました。阿佐ヶ谷の喫茶店で、毎回「面白いですね」「早く続きの原稿を読みたいです」など、適当で拙い原稿を褒めていただき、そのたびに自己肯定感を高めながら執筆することができました。感謝の言葉もありません。

２０２４年４月　辻本昭彦

参考文献

・浅野大介『教育DXで「未来の教室」をつくろう―GIGAスクール構想で「学校」は生まれ変われるか―』学陽書房　2021

・安齋勇樹、塩瀬隆之著『問いのデザイン―創造的対話のファシリテーション―』学芸出版社　2020

・アンデシュ・ハンセン／久山葉子訳『スマホ脳』新潮新書　新潮社　2020

・加藤直人『メタバース―さよならアトムの時代―』集英社　2022

・菊池誠ほか『もうダマされないための「科学」講義』光文社新書　光文社　2011

・小塩真司編著『非認知能力―概念・測定と教育の可能性―』北大路書房　2021

・小林傳司『トランスサイエンスの時代―科学技術と社会をつなぐ―』NTT出版　2007

・左巻健男、吉田安規良編著『新訂　授業に活かす理科教育法　中学・高等学校編』東京書籍　2019

・ジャン＝ポール・サルトル／澤田直、水野浩二訳『主体性とは何か？』白水社　2015

・ジェリー・Z・ミュラー／松本裕訳『測りすぎ―なぜパフォーマンス評価は失敗するのか？―』みすず書房　2019

・ショウペンハウエル／斎藤忍随訳『読書について　他二篇』岩波文庫　岩波書店　1983

・スチュアート・リッチー／矢羽野薫訳『Science Fictions あなたが知らない科学の真実』ダイヤモンド社　2024

・スーザン・ファウンテン／国際理解教育センター編訳『いっしょに学ぼう Learning Together』国際理解教育センター　1994

・ダニエル・カーネマン／村井章子訳『ファスト＆スロー―あなたの意思はどのように決まるか？―　上・下』早川書房　2012

・辻本昭彦「エネルギーを実生活と関連づける授業実践―ジェットコースターモデルと発電モデルからポスターセッション―」日本理科教育学会編『理科の教育』２００８年９月号　vol.57 No.674
・辻本昭彦「ダイヤモンドランキングとは何か―ワークショップ型授業のためのコミュニケーション・ツール」日本理科教育学会編『理科の教育』２０２１年10月号　vol.70 No.831
・辻本昭彦「武蔵野市改造計画―ズバリ市長に提言―」（第９章まちづくり）（特活）開発教育協会内ＥＳＤ開発教育カリキュラム研究会編『開発教育で実践するＥＳＤカリキュラム』学文社　２０１０
・辻本昭彦「ＩＳＳ・過激派組織による人質事件の授業」開発教育協会『開発教育』第62号（特集「平和に向き合う開発教育」実践編）２０１５
・辻本昭彦「放射性廃棄物の処理の問題」ＪＩＣＡ横浜「SDGs かながわ開発教育セミナー報告書」２０１９
・辻本昭彦「ＳＤＧｓのすすめ―理科が社会と向き合うために―」日本理科教育学会編『理科の教育』２０１９年10月号　vol.68 No.807
・辻本昭彦「理科教育ＤＸによる新しい価値観の創造―ＤＸはどのように授業を変えていくか―」日本理科教育学会『理科の教育』２０２３年７月号　vol.72 No.852
・辻本昭彦「サイエンスマジシャン　驚愕のＡＩ！ ChatGPT とは何か」日本理科教育学会編『理科の教育』２０２３年７月号　vol.72 No.852
・デュルケーム／宮島喬訳『自殺論』中公文庫　中央公論新社　２０１８
・外山滋比古『思考の整理学』ちくま文庫　筑摩書房　１９８６
・中室牧子『「学力」の経済学』ディスカヴァー・トゥエンティワン　２０１５
・原田曜平『さとり世代―盗んだバイクで走り出さない若者たち―』角川 one テーマ21　角川書店　２０１３
・ピエール・バイヤール／大浦康介訳『読んでいない本について堂々と語る方法』ちくま学芸文庫　筑摩書房　２０１６

・廣野喜幸ほか編『科学コミュニケーション論の展開』東京大学出版会　2023
・ヴィゴツキー／土井捷三、神谷栄司訳『「発達の最近接領域」の理論―教授・学習過程における子どもの発達』三学出版　2003
・堀哲夫『理科教育学とは何か』東洋館出版社　1994
・堀哲夫『教育評価の本質を問う 一枚ポートフォリオ評価ＯＰＰＡ―一枚の用紙の可能性―』東洋館出版社　2013
・堀哲夫『新訂　一枚ポートフォリオ評価ＯＰＰＡ―一枚の用紙の可能性―』東洋館出版社　2019
・堀哲夫監修、中島雅子編『一枚ポートフォリオ評価論ＯＰＰＡでつくる授業―子どもと教師を幸せにする一枚の紙―』東洋館出版社　2022
・山崎勝之編著『セルフ・エスティームの研究と教育の再構築』風間書房　2022
・山西優二ほか編『地域から描くこれからの開発教育』新評論　2008
・ユヴァル・ノア・ハラリ／柴田裕之訳『サピエンス全史―文明の構造と人類の幸福―上・下』河出書房新社　2016
・ユヴァル・ノア・ハラリ／柴田裕之訳『ホモ・デウス―テクノロジーとサピエンスの未来―上・下』河出書房新社　2018
・ユルゲン・ハーバーマス／河上倫逸、平井俊彦訳『コミュニケイション的行為の理論 上』未来社　1985
・笠潤平『原子力と理科教育―次世代の科学的リテラシーのために―』岩波ブックレット　岩波書店　2013
・レジー『ファスト教養―10分で答えが欲しい人たち―』集英社新書　集英社　2022
・R・オズボーン&P・フライバーグ編／森本信也、堀哲夫訳『子ども達はいかに科学理論を構成するか―理科の学習論―』東洋館出版社　1988
・ローレンス・コールバーグ&アン・ヒギンズ／岩佐信道訳『道徳性の発達と道徳教育―コールバーグ理論の展開と実践―』麗澤大学出版会　1994

著者紹介

辻本昭彦　Akihiko Tsujimoto

法政大学生命科学部生命機能学科 教授

都内公立中学校を定年退職後、法政大学理工学部の兼任講師、生命科学部の准教授を経て現職に至る。

専門は教科教育学（教育実践分野）。

担当の教職課程では、サイエンスコミュニケーション能力の育成や、専門性の高い理科教師の養成を目指している。また、日本各地で授業づくりの研修会などの講師を務め、これからの理科教育の魅力を提案している。

一般社団法人日本理科教育学会『理科の教育』編集委員、東京書籍中学校理科教科書編集委員、武蔵野市社会教育委員などを務める。

趣味は登山、読書、仏像鑑賞など。

【付録資料について】

■ダウンロードの手順

付録資料は、以下の手順でダウンロードしてください。

①東洋館出版社オンラインにある「付録コンテンツページ」にアクセスする。
https://toyokan-publishing.jp/download/

②対象書籍の「付録コンテンツ」ボタンをクリックする。

③右の「ユーザー名」と「パスワード」を入力し、ログインボタンをクリックする。

ユーザー名	wakukoe
パスワード	Yw4Dm3AB

■注意点および著作権について

枠を超えよ
自己肯定感なくして主体性は生まれない

2024（令和6）年5月5日　初版第1刷発行

著　　者：辻本昭彦

発 行 者：錦織圭之介
〒101-0054　東京都千代田区神田錦町2丁目9番1号
コンフォール安田ビル2階
代　表　電話03-6778-4343　FAX 03-5281-8091
営業部　電話03-6778-7278　FAX 03-5281-8092
振　替　00180-7-96823
U R L　https://www.toyokan.co.jp

装　　丁：木下 悠

本文デザイン・印刷・製本：藤原印刷株式会社

ISBN978-4-491-05432-2　Printed in Japan